盛琼 著

孩子
我要你快乐

—— "状元妈妈" 倾情揭秘两代人的成长经验

作家出版社

目 录

我的新锐教育理念

※ 孩子，在生活中，在成长中，快乐、幸福是最重要的东西。无论对事对人，何事何人，如果你是快乐的，那么就是正确的。幸福感是一种能力，它需要我们懂得知足、感恩。

※ 孩子，生活不像我们想象的那么美好，但也不会像我们想象的那么糟糕。他人如此，社会如此，世界如此。

※ 孩子，在这个世界上，会有各种各样的人生角色。成功不是赚多少钱、获得多大的名气，也不是做多大的官。成功就是无论何时何地，我们都能保持健康、快乐的心态。

※ 孩子，每个人实际上都是平常人，我们要学会做一个自在的、幸福的、惜福的平常人。你要快乐地接受平凡、享受平凡。妈妈对你的希望，只有一个，那就是健康快乐。在妈妈的眼里，你已经足够优秀了。

※ 孩子，妈妈对你的爱，是无条件的，是持久而热烈的。妈妈不是因为你好，才爱你；也不是因为你爱妈妈，才爱你；更不是希望你将来能回报妈妈，才爱你。妈妈爱你，只因为，你是妈妈的孩子。在这个世界上，你是妈妈必须承担的最沉重的责任，你是妈妈天然具备的最亲密的联系。

※　孩子，妈妈不喜欢关于"孝顺"的一切话题。孝，是不平等的、有条件的爱。妈妈希望你学会真正的爱，那是一种发自内心、不求回报、平等开阔的爱。妈妈也希望你能热心地去关爱他人。

※　孩子，你的父母也是平常人，会犯错，会无奈，会失望，会有很多的遗憾。请原谅妈妈的局限和无奈，但妈妈会用一辈子的时间去学习、去成长、去完善。让我们互相帮助、互做诤友、共同进步。

※　孩子，你的成长，实际上更是父母的成长。教育你，更是教育我们自己。

※　孩子，妈妈对你，是无条件地接受、无条件地爱、无条件地支持。无论何时何地，妈妈永远和你身心相连。但是，无论妈妈多么爱你，你的生命都是孤独的。所有的一切你都必须独自承担。妈妈知道你内心的孤独、痛苦和艰难。这是每个生命都逃不掉的负载。你要足够坚强，你也一定能做到足够坚强。

※　孩子，你正在承受的一切：痛苦、快乐、压力、困惑，这就是成长。妈妈会一直陪伴在你身边，和你一起承受、一起成长。当你哭的时候，妈妈比你更难过；当你笑的时候，妈妈比你更幸福。

※　孩子，世界虽然有那么多不如意的事情，不过，你一定不要泄气。因为，无论何时何地，你都有一个铁杆"粉丝"，那就是妈妈。她永远欣喜地看着你，为你的每一点努力和进步，发自内心地欣赏、喝彩。

※　孩子，知道吗？彩虹就是受了挫折的阳光。一个人，经受住了挫折的考验，才能焕发生命的光彩。挫折和磨难能让人生更美丽。

※　孩子，生命只有一次，我们要好好珍惜，尽量让它舒展、清朗、充实、美丽。过程比结果更重要。

※　孩子，不着急，慢慢来，世上的道路千千万，这条不通走那条，没有什么大不了的，一切都可以重新开始。

※　孩子，我要深深感谢你。是你，让我对生命和世界的理解，变得如此深刻、如此开阔。是你，让我对未来不再悲观、对死亡不再害怕。

※　孩子，无论你在哪里，其实，你都在我心里。

序言：孩子，你今天快乐吗？

2010年9月，我刚刚升上高三的女儿兰兰，像往常一样，在中午午休之前，给我打了一个电话。实际上，那天是个平常的日子。接到她的电话，我也一如往常，问：

宝贝，有什么事吗？

没有啊，随便打的。

你今天过得快乐吗？

还不错吧，没什么特别的。

那好呀，你只要每天这么快快乐乐的就行了。

高三了哦，别人的父母都在问学习，你怎么还不问我学习情况啊？

知道吗？皇帝不急太监急，这太监要是不急的话，那皇帝反而要急了。

哈哈，哈哈，你在干什么呢？

没干什么呀，随便翻翻书。

对了，小母啊，今天我在学校的院子里，看到一只小小猫，好像才出生几天的，小得像只小皮球，好可爱好可爱哦，它抱着它妈妈的尾巴在玩——

是吗？那么可爱呀！下次我去你们学校，你带我去看看。

这是一次平常的对话。我的女儿从初一开始住校，每个星期回家一次。但是，我们每天都会通一两次电话，电话时长从几分钟到半个多小

时不等。有时是中午午休前，有时是晚上睡觉前，有时是下午去操场跑步前。

我们之间总有说不完的话。学校里无论发生了什么，她都喜欢告诉父母，比如今天上了什么课，心情怎样，考试得了多少分，作文该怎么写，打球扭伤了腿，宿舍卫生扣了分，学了一首新歌，宿舍里的零食被老鼠偷吃了，弄丢了东西，学校要组织某项活动是否报名，等等，事无巨细、好坏，她都说给父母听。

父母在电话里，无论听到什么，从不责备她、批评她，除了热情地鼓励她，就是帮她分析情况、出出主意。而父母在这一天中听到了什么新闻、看到了什么文章、有了什么感想，也都会告诉她，听听她的意见，与她一起讨论和分享。

我总是叫她"宝贝啊，香香啊，小娃啊"，在别人听来很是肉麻的称呼，而我却叫得自然而然，甚至还嫌不够甜蜜，无法表达心中的爱意似的。而她呢，总是叫我"小母"（念平声）——这是她自创的一个词，以表示她对我无比的亲密和喜爱。

是的，自我女儿兰兰出生以来，全家人就把她的快乐和幸福摆在了第一位，一切教育的出发点，就是为了她能健康快乐地成长，让她的每一天都能过得快乐充实。

"孩子，你今天过得快乐吗？——快乐就好！"这是我们做父母的人，对孩子每天重复最多的一句话。

由于成长在一个轻松自由、没有压力的环境里，我女儿的性格非常阳光、乐观。在家里，只要碟片一放，音乐一响，她就跟着音乐载歌载舞起来，转圈、踢腿、抖肩、扭胯，像是歌舞片里那些无忧无虑、走到哪儿跳到哪儿的吉普赛女郎，让家人都能感染到她那种积极向上又活力四射的快乐心态。在学校，在外面，她也是一个笑容满面、人缘特好的"快乐女生"，什么活动她都愿意有滋有味地"掺和"一下。不管是老一辈的人，还是同龄人，或者是比她小很多的孩子，她都能与别人很快地

打成一片，玩得火热。遇到不顺心的事情时，她总爱说一句"没所谓啦"，转眼就多云转晴。每天黄昏，她一边听着手机里的流行歌曲，一边像只矫捷的小鹿一样练习长跑，健美的身姿引来颇高的回头率……

当然，阳光的性格之下，不乏一些荣誉的光环。中学六年，我女儿都凭借自己的实力，在广东省最好的中学之一——华南师范大学附属中学度过。校长和老师们对她的评价是：综合素质优秀、品学兼优、性格阳光、全面发展、潜力巨大。

她曾在全国性的中学生作文竞赛中获过一等奖，还曾获过广东省生物奥林匹克竞赛一等奖、广州市青少年科技创新大赛一等奖。她写的文章曾在《羊城晚报》《广州日报》《深圳特区报》《晶报》和《天涯》等多家知名报刊发表。她曾被德国的歌德学院选中，作为广东省的中学生代表之一，赴德国参加全球青少年夏令营活动。经过选拔，她还参加了2011年哈佛中美学生领袖峰会。活动期间，她在各方面都表现突出，并以精彩的魔术表演惊艳全场。她表演的舞蹈、唱歌等文艺节目曾多次登过学校艺术节、英语节的舞台并获奖。她热心公益，支教、捐款、义卖，样样起劲，曾担任过班级的义工队队长，并代表年级同学在学校的国旗下讲话……

虽然我女儿自己对这些荣誉看得很轻，而且她口口声声说别的孩子比她优秀多了，虽然在我们做家长的眼里，她也只是个普通的孩子，但是，女儿的成长，已经让我们感到足够欣慰和满足了。特别是她身上那种积极乐观、随遇而安、大气淡泊、善良宽容的好品格，常常令我们大人都感觉自愧弗如，暗暗要拿她当效仿的榜样。

另外，她和父母的关系，更是让我们备感温暖。说实话，90后的孩子，60后的家长，像我们这样亲密无间、亦亲亦友的关系确实少见。大多数像我女儿这么大的孩子，都有一点叛逆心理了，跟父母也有一种明显的代沟了，就算一切正常，与父母也会保持一定的距离了。而我和女儿兰兰呢，我们的感情和关系，真是难以用语言形容的。

有一次，吃完晚饭，我们照旧到外面散步。我们勾肩搭背，不时还互相捏捏拍拍，一路说说笑笑的。我说："宝贝啊，我怎么觉得，我俩的关系像闺蜜啊？"

"切——猥琐！"女儿听到"闺蜜"一词，大不认同。她现在的口头禅就是"猥琐"，只要是不对她口味的一切，她都评价一句"猥琐"，或者是"超猥琐"。而在此之前，她的口头禅是"纠结"，再之前，是"郁闷"——总之，没一个好词。

"那你说，我们是什么关系？"

"不就是一个老美女与一个小美女的关系吗？"女儿出言不凡。

"哈哈哈哈，你倒是大言不惭啊！"

"自信！懂不懂？你不是常说，自信是做一切事情的基础吗？"

那天晚上，回到家里，女儿因为她爸爸出差外地，欢天喜地地从自己的小房间搬出被子，睡到我们的大床上。我们又躺在床上玩闹了一番。然后，她就抱着我的胳膊，安心而满足地睡着了。

望着她依然有些稚气的脸蛋，望着她比我还要高大的身躯，我百感交集。是的，对于一个母亲，一个18岁的女儿，一个善良、阳光、综合素质优秀的学生，一个与父母的感情那么融洽亲密的孩子，这世上没有任何一种东西，能比得上这种幸福了。是的，无与伦比。

也是在一个无意的时刻，我看到一则报道，说现在很多孩子和父母的关系非常紧张，他们不仅与父母无法交流、彼此冷漠、互相伤害，更有甚者，将父母视为仇人。这些孩子在网上成立了一个小组，名为"父母皆祸害"，小组成员多为80后、90后的孩子，已经有几万人之众。他们在网上诉说自己受到的家庭伤害，响应者热烈。

这些帖子大多控诉父母将孩子看做"物"，而不是"人"，不能给予平等的尊重和理解，动不动就训斥、打骂，或以"孝顺""听话"等理由，控制孩子，向孩子提出无尽的要求和压力，侵犯孩子的隐私，剥夺他们的自由，给他们的心灵留下了无法挽回的阴影，成为他们一生中最

痛苦最不愿意示人的角落。其中名为"没有父母不爱自己的孩子，这是这个世界上无数谎言中的NO.1""父母毁掉你心里最珍贵的东西是什么""我现在终于觉得我爸妈真的不是人了""教你如何与父母对峙"等帖子，成了呼应最多的热门帖子。

我想，做父母的人，如果看到这样的帖子，大多会感到震惊和委屈。"痴心父母古来多"，凭良心说，大多数父母教育的出发点，还是爱孩子、希望孩子有个美好的未来的，可是，他们付出的心血和爱，却在孩子的心里，结出了毒果，造成了沟壑。那么，问题到底出在哪里？在这样的时代，我们应该如何做父母呢？

是的，这么多年来，伴随着女儿的成长，我积累了越来越多的教育心得。这些心得不是书本上死板落伍的教育理论，也不是空泛无用的专家指点。这些心得都是我们一家在培养女儿的漫长岁月中，一点一滴领悟到的切身体会，是我们经过不断磨合和实践验证的宝贵经验。我知道，在我所担负的众多角色中，没有一种比"母亲"这个角色完成得更出色、更成功了。我用全部的情感、智慧、心力，终于向时间交了一张没有遗憾的答卷。

这些年来，我身边很多的熟人、亲戚、朋友，总是不断地向我打听教育的"秘诀"。他们经常提到这样的问题：

孩子的学习负担那么重，我也不想让孩子读什么培优班、补习班，但看到别人都在读，心里又发慌。你女儿什么课外班都没读，你是怎么考虑的？

我们对孩子放手吧，又怕耽误了孩子；对孩子管得紧一点吧，又怕孩子压力太大。这个分寸如何把握？

孩子在家里不愿意跟父母说话，你很难了解孩子心里到底想的是什么，我也想和孩子多沟通，可孩子什么话都不告诉你，怎么办呀？

要培养一个优秀的孩子，父母最需要做的是什么呢？

你是怎样看待"虎妈"与"狼爸"的？

如何给孩子创造一个好的成长环境？

如何让孩子拥有幸福美好的人生？

你是怎样衡量一个孩子的教育是否成功的？

······

诸如此类的问题。

我想，现在，是与天下的父母、或者即将做父母的人，坦呈我的答卷、分享我的经验的时候了。毫不讳言，在整个教育过程中，我们也碰到了不少的风雨、挫折。庆幸的是，我和我的孩子一起走过来了。我们愿意将这些体会拿出来，与大家一起分享、交流。因为，我们深深地懂得，孩子，是每一个家庭幸福的源泉、殷殷的希望，更是一个国家和民族的未来。

第一章 "状元"并不意味着快乐

问题思考

1. 一个"高考状元"的背后，有怎样的心路历程？
2. "状元"有哪些学习经验值得借鉴？
3. 如何总结自己的成长经验和教训？
4. 如何面对自己的缺点？
5. 在孩子的教育中，父母如何以自己的成长为"前车之鉴"，避免孩子走父母的弯路？

我是1985年安徽省文科"高考状元"。"状元"，无疑是一种光环，而光环之下，有什么不为人知的故事呢？

在这本书的开头，我想先坦诚地回忆一下自己的成长往事。我想通过自己的故事，告诉大家，一个"状元"的背后，有怎样的成长经验与教训。

1968年，我出生在安徽省合肥市一个普通的知识分子家庭里。在我两岁多的时候，父母从合肥调回他们的故乡安庆工作，我也就随他们来到了美丽的古城安庆市。这是一个民风淳朴、民情浓郁的老城。我的父母传统、善良、克己，又有些古板、简单、清高。像那个时代的大多数知识分子一样，他们把"毫不利己，专门利人""我是一块砖，任凭党来搬""全心全意为人民服务"这些流行的口号，当成自己的做人信条，在工作上兢兢业业，在生活上也严格要求自己。可以说，他们是那种规范到刻板的"好人"。

所幸，他们在孩子的教育上，采用的是当时比较少见的民主和开通的方式，没有多少"封建家长制"的传统思维。我们一家四口人，我还有一个大我一岁多的姐姐。记得那时，爸爸经常在饭桌上，让我和姐姐给他们提意见，说父母有什么不对的地方，也要认真改进。对不同的问题，父母总让我们发表自己的看法，大家平等交流，相互讨论。每个周末，我们不是自备干粮去公园游玩，就是在家里办起小型表演会：姐姐拉小提琴，我唱歌、跳舞、打扬琴，爸爸拉二胡，妈妈在一旁做后勤部长兼热心观众。

我们住在机关大院里。大院里的大孩子、小孩子，都觉得我的父母和蔼可亲，对孩子的态度最平等、最友好，所以都喜欢到我们家玩。夏天，爸爸就带着大院里的孩子们，一起捉蛐蛐、斗蛐蛐；冬天，我们则在一起堆雪人、打雪仗。

可以说，我是在一个充满了爱与平等的环境里长大的孩子。这让我的性格基调非常阳光、温暖，没有什么阴暗的东西；也让我和姐姐的性

格里,都有一种坚不可摧的自信。也就是说,无论遇到什么挫折,我们都能感觉到一种来源于家庭和亲人的无条件的支持。这种支持和爱构成了一个人最强大的安全感,决定着一个人对世界、对他人的信任与善意,成为健全人格的稳固基石。当然,认识到这一点,是多年后的事情了。等我自己做了妈妈之后,我自然而然也把这种来自家庭的无条件无保留的支持与爱,当成教育的根基。

不过,在我的成长中,也不是没有缺陷的。

由于我和姐姐年龄相差不大,我们就在同一年进了同一所小学,后来又一同考上了同一所重点中学。在我17岁考上大学离家读书之前,我和姐姐一直是形影不离的。多年来,我们总是手牵着手,一起上学放学,像一对双胞胎。老师和同学们有时还闹出把我们互相认错的笑话。姐姐虽然比我大不了多少,但对我非常宠爱,什么事情都让着我。我甚至将她看做是我的"小妈妈"。我和姐姐这种特殊的亲密关系,一方面使我在宠爱中备感幸福,一方面又使我产生了严重的依赖心理,也使我在学生阶段完全忽略了与人相处的能力和技巧。走上社会之后我遇到了相当严峻的挑战,这也成了我要重修的一种无比费力的功课。我发现,每当置身陌生的环境时,我就免不了像温室里的花朵似的稚弱。

那时,我还没有意识到这一点。由于处在一个"成绩决定一切"的时代,我们当时还是"分数至上"的。而我是个在学习方面有天分的孩子。遥遥领先的分数一直伴随着我的学生生涯。除了学习成绩拔尖,我在其他各方面也都表现良好,品学兼优,热爱集体,尊重老师,对人真诚有礼,曾多次被评为校、市"三好学生"。另外,在文娱方面,我也有一些才能,跳舞、唱歌、朗诵、话剧、扬琴、演讲,都曾在学校的舞台上挑过"大梁",尤其是演讲,还曾在省、市比赛中拿过名次。

自考上安庆一中的初中后,整整6年,我都在这所赫赫有名的重点中学里度过,每次考试,我都是全班的总分第一,从没有失手过。可以毫不夸张地说,我文理兼优,是个"常胜将军"。所以,无论在小学、中

学，我一直都是老师和家长的骄傲，是校园里的"风光人物"。

那时，还是计划经济时代，大学还没扩招，大学生的录取比例只有十之一二。那时的高考还有"千军万马过独木桥"的悲壮，大学生还有"天之骄子"的称号，大学毕业生也由国家统一分配、获得国家干部身份，并进入机关、事业、研究机构等单位，得到一份稳定而体面的工作。而没有考取大学的学生，在城市即为待业青年，在农村即须回乡务农。那时的高考作为人生的分水岭，在一个人的成长经历中，发挥着"一次考试定乾坤"的作用，因此也会给学生、老师、家长带来巨大的心理压力。

1985年，17岁的我，作为安庆一中的一名高三学生，在七月流火的天气里，和成千上万的学子一起，参加了当年的全国统一高考。高考对我来说，虽也有点紧张，但并没有太多的悬疑。考前，我还是一如既往地上课、复习，集中精力，有张有弛。最后，我以总分553分的成绩，获得了那年的安徽省高考"文科状元"。

对于自己的中学时代，有些记忆已经在岁月中模糊了。幸亏一些当时的报道和书籍，还被细心的家人保留了下来。多年前，我曾接到过复旦大学张德明老师的邀请，为他编辑的《通向成功之路》（接力出版社1992年9月版）一书，写下了一篇"高考经验谈"。在这篇名为《笑到最后》的文章里，我这样写道：

> 在学习上我绝不搞"疲劳战术""连续作战"，一本书如果已读得没有兴致，速度下降，我便换上另一本；如果觉得课本的内容太简单、太枯燥，我便立刻找上各种辅导材料，扩大知识面，巩固学到的知识。许多同学问我："你平时学习并没有花太多的时间，为什么成绩那么好？"我回答："经验无非是上课认真听讲，学习时讲究效率。"
>
> 我是个爱唱爱跳的女孩，班级的文娱活动我都积极参加。我

玩起来就尽情地玩，一旦学起来就专心致志，不受外界干扰。当时我十分注意劳逸结合。我从来不早起、不熬夜，中午一般都要午睡一下，晚上总要看看《新闻联播》，读书累了，就拿一些文学名著和《读者文摘》《中国青年》之类的杂志来阅读。

中学时代我的成绩一直名列前茅。别人夸奖我时，我总是很谦虚。这不是什么"自谦"，而是实在觉得自己并没有什么了不起。即使整个中学阶段你样样都获得满分又怎样？在茫茫无际的知识的海洋里，我们终其一生，不也只是海洋中一叶小小的帆影？在人生漫漫长路上，中学时代不也只是短短的一段光阴、最初的几个脚印？所以，我总是对自己说：胜不骄，败不馁，站得高，看得远；笑到最后！

这篇文章是1992年写的。文章中对中学时代的回忆，应该还是真切的。

做了"高考状元"后，学校和家里虽然都很高兴，但并没有什么意外的感觉，所有的人包括我自己，都比较处之淡然。社会上也没有任何奖励。有几家当地的媒体对我进行了采访，从女生如何成材、如何迎接高考等方面作了简单报道，也没形成什么"热点"。当时，全社会对"高考状元"的热度远不如现在。本来嘛，高考就是一次考试。而我从来都以为，人生是长跑，笑到最后的人，才是真正的成功者。

那时，我们填报志愿是在分数出来之前就必须完成的。这给很多在心里估分不准的学生，造成了一些压力和失误。由于对成绩的自信，在第一类院校里，我只填报了两个志愿——都是复旦大学新闻系。

其一，我的身上有不少理想主义的色彩，当时是希望自己能做一个代表社会正义的新闻工作者，像鲁迅先生那样，为人民呐喊；其二，语文老师告诉我，复旦新闻系在我省每年只录取一两名学生，是录取分数

最高的文科专业（当时我们华东地区的学生，因为气候、生活习惯问题，不太愿意上北方的名牌大学）。而当时对学科一无所知的我，想当然地认为，既然录取分数最高，那么一定也是最好的了。

就这样，我顺利地考进了复旦大学新闻系，就读于新闻学专业。新闻系85级共有六十多名学生，分两个小班，都是来自全国各地的佼佼者，很多还是各地的"高考三甲生"，不仅成绩优秀、才华夺目，而且思维活跃、能力突出。在这个群雄逐鹿、各领风骚的新集体里，我的性格弱点慢慢就暴露出来了。

进入大学之后，我感到自己在学习上并没有太大的压力，但在社交、能力的表现上，与那些成熟老练的同学相比，就显得天真和幼稚了。为此，我曾苦恼过不少时间。

大学四年，是我思想渐渐成熟、并开始接触社会认识社会的起步时期。实际上，在我成长的80年代、90年代，正是中国社会变动最激烈的时期。从计划经济，到双轨制，再到社会主义市场经济，中国似乎要在20年的时间里，走完西方200年的路程。而身处其中的我们，被时代的大潮裹挟着，也要跟上社会的变革脚步，不断地调整自己，摸索进步。好在，我是个自省能力和学习能力都很强的人，并不愿意困在"书斋"中，做个书呆子，而是愿意加进时代的洪流，跟着时代一起前进。

当时，各种思潮在大学里涌动。哲学热、诗歌热、琼瑶热、三毛热、台湾校园歌曲热、舞会热、迪士高热，一阵一阵风潮，让大学生们趋之若鹜。人道主义、存在主义、未来学、系统论、朦胧诗、流行歌曲，从我们的嘴里，好高骛远地飘出。比起现在的年轻人，我们显得书生意气，有很多理想主义、浪漫主义的色彩，缺乏务实精神和经济头脑，不过，我们也显出了难能可贵的纯真和热情。

我成长的80年代，可以说是一个纯情的时代、启蒙的时代、变革的时代，也是一个分化的时代——到了90年代，主义、思潮、真理这些务虚的热词，从人们的嘴里逐渐隐退了，而市场、利益、金钱这些冰冷坚

硬的词语，突兀而起，成了时代的关键词。人们的价值观更加多元，社会也变得更加芜杂和包容。这种不可逆转的潮流，无所谓好坏，关键是看身处其中的人，如何保持清醒的头脑，学会判断，懂得取舍，确认价值。

坦白地说，与我"星光熠熠"的小学、中学时代相比，我的大学时代较为平淡无奇。这就涉及到，在我自己的成长教育中一个最明显的缺陷，那就是：我曾经的耀眼和光环，导致了自己的完美主义倾向。因为过分追求完美，我不能接受生活中的残缺、丑恶，特别是不能接受自己的失败、局限，因此缺乏幸福感。面对自己的不足，我往往有消沉、退缩、畏难的情绪。无论做什么事情，如果没有百分之百的把握，我都不敢冒险，不敢尝试，不敢充分展示自己。对于种种需要进取的事情，我往往将其视为麻烦；对于种种需要变化的机会，我又喜欢选择逃避，不懂得如何争取和把握。这些弱点在很大程度上，限制了自己的发展。

另外，由于从小在赞扬声中长大，我有时会过分在乎别人的评价，希望人人都能喜欢自己、认同自己，这就免不了有一定的虚荣心理和脆弱心态。但凡和别人的意见不同，或者只要听到一些不好的议论，我就惶恐不安起来。因为害怕陷入矛盾和麻烦中，我也显得有些瞻前顾后，过于宽容、忍让，进而退却、放弃，缺乏克服困难的勇气和意志力。

同时，由于一贯受到家人的宠爱，我已经习惯了被呵护、被照顾，自我中心意识较重，所以在集体生活中，我容易感觉孤独。又由于缺乏与人相处的能力与社交技巧，不谙人情世故，我较难与别人打成一片。久而久之，原本活泼外向的我，性格也变得有些内向和孤僻起来。

这些性格上的弱点，导致我在踏入社会之后，走了一点弯路，而这些弯路，恰恰又使我在教育孩子的问题上，汲取了自己的教训，避免了让孩子重走弯路。

我深深地体会到："状元"并不意味着快乐，成绩并不代表着一切，比学习成绩更重要的是，一个人的综合素质和能力，特别是积极、成熟、

快乐的心态。这真是"塞翁失马，焉知非福"啊。

回忆这段"状元"往事，并不是我想"重提当年勇"，而是我希望从中总结出自己的成长经验和教训，以便让孩子们借鉴我的经验，更茁壮更全面地发展。我的学生时代当然有很多可取的地方，它们形成了我一生的品格宝库，让我终生受益无穷。

一、因为一直是优秀学生，所以，我几乎把"优秀"当成了一种习惯。无论在哪里，无论做什么事，我都会尽心尽力，努力做到优秀。这使我避免了那种得过且过、浑浑噩噩的人生态度，也使我成为了一个胸怀宽广、视野辽阔的人，不会因一时的成绩而沾沾自喜，也不会因一时的失败而一蹶不振。我把人生当成一所不会毕业的学校，希望自己能终生做个好学生，不断地学习、成长。

二、因为学生时代"起点"较高，颇受关注，所以，我对荣誉、名利较为冷静、淡泊。我也一直保持着"严于律己，宽于待人"的信条，能不断地三省吾身，追求自我的完善。

三、从小的家庭教育和成长经历，已经让热爱祖国、关心集体、尊重他人、重情重义、诚实守信、知恩图报、善良宽容、追求真理这些具有传统美德的价值观，深入到我的血液和骨髓。无论时代怎么变化，无论潮流如何眩目，我对真善美的信仰从未动摇过、怀疑过。而且，我认为，正确的价值观，会化成一个人立身成材的基础和源源不绝的精神动力，特别是在挫折来临、面对诱惑、接受考验、困顿迷茫的人生关键时刻，能给人指引方向，教人做出正确明智的选择。

四、我的价值观虽然传统，但我的思想观念却非常开放和开阔。我接受一切先进的思潮和技术，我喜欢一切创新的事物和潮流。对我来说，没有禁锢、保守和僵化。我从善如流，与时俱进，喜欢时尚，尊重差异，崇尚多元，追求自由，包容性和适应性都非常强。我从来不是一个"书斋型"的空想主义者，既不好高骛远，也不妄自菲薄。我了解现实，看

重实践，喜欢平凡、朴素的生活。

　　五、我是一个非常有主见的人，在一些原则问题上不会妥协。人生的关键处，我都敢于遵从自己的内心要求，不随波逐流，而是坚持走自己的道路。我有一般女孩子不常有的责任意识和独立精神，任何事情都是自己做出选择、自己承担责任，从不会责怪别人，从不要别人对我负责。

　　当然，任何事物都有两面性。每个人都是不完美的，都有这样那样的缺点和遗憾。如何对待自己的缺点，是一个重大的考验。是直面它、克服它？还是遮掩它、回避它？这需要真诚、自省、勇敢和信心。拿我来说，我的弱点实际上也很突出。在我后来的人生道路上，我不断地觉悟到：

　　一、过分追求完美，不能正确认识残缺和局限，缺乏幸福感。

　　二、探索精神不够，参与意识不强，对社会的复杂性缺乏了解，有畏缩、逃避、怕麻烦的心理。

　　三、过分在意别人的评价，自我意识较强，合作精神不够，缺乏社交经验，不太适应集体生活。

　　四、不重视体育运动，没有一样体育爱好。

　　五、对物质和生计不够看重，缺乏财商，羞谈利益，不太适应现代商业社会。

　　当然，这只是我自身缺点的一部分，我身上一定还有一些不良的习惯和不足的地方，需要我用一生去修正、去完善。这些缺点有个人的因素，也有当时的家庭教育和学校教育的疏忽所造成的缺陷。我客观、冷静地分析着自己的成长，坦诚地面对着这些用眼泪和欢笑换来的经验、教训，因为有这些刻骨铭心的切身体会，我在孩子的教育和培养中，就能结合自己的成长心得，懂得扬长避短，选择一条正确的道路。

　　这条道路概括起来讲，就是：不过分强调书本学习和分数，而是注重综合素质和各种能力的培养，让孩子成为一个心智健全、性格阳光、

素质全面、健康快乐的人。

也就是说，成人比成材更重要。一个人，就算成了材，他也不一定快乐，不一定人格健全，不一定能对社会做出什么积极的贡献。而一个健全快乐的人，必定是个内外兼备、身心和谐的人，他的身体里一定有个闪闪发光的"小宇宙"，无论走到哪儿，都能吸收和散发出持久的"正面能量"，不仅使自己的人生幸福，也能给周围的人带来快乐。

教育启示录

1. 不管是"高考状元"也好，还是"落榜差生"也罢，做父母的人，都有自己无法更改的命运，有属于自己的成功或失败的体验。什么样的生活经历并不重要，重要的是，我们能从自己的成长岁月中，总结出宝贵的人生经验和教训。

2. 父母应结合自己的切身体会，顺应时代发展的要求，在培养和教育子女时，扬长避短，尽量少走弯路，让自己的"前车之鉴"，成为孩子的"后事之师"。

3. "状元"并不意味着快乐，成绩并不代表着一切。一个人的综合素质和能力，特别是积极、成熟、快乐的心态，比书本和分数重要得多。

4. 成人比成材更重要。做一个健全快乐的人，让身体里的"小宇宙"吸收和散发出持久的"正面能量"，不仅使自己的人生幸福，也给周围人带来快乐。

第二章 把孩子带到世上，就要让他（她）幸福

1. 我们为什么要生孩子？

2. 为了做个好父母，我们必须在物质和精神上做好哪些准备？

3. 好父母，要树立怎样的信念？

4. 在培养孩子的过程中，最能考验父母的是什么？

　　1989年，21岁的我大学毕业了。我被分到家乡的安庆电视台，在新闻部做责任编辑，有时也做出镜的现场主持人。没多久，我就遭遇了爱情。三年后，我步入了婚姻的殿堂。

　　那时，我和新郎都像夏日的晴空那么单纯年轻。那是1992年，社会刚刚从反思、启蒙、浪漫的80年代走过来，市场的大潮声，还隐约在远方。时代已经是新的了，但总体上来说，还带着一些旧的印痕。那依然是一个纯真的时代，那时的爱情，就是纯粹的爱情，不会夹杂世俗的考量。

　　两个月之后，我的孩子，她不期然地到来了。从医院检查回来的那天，我哭了。从没有想到会这么早就要孩子，我完全没有准备。此时的我们还沉浸在新婚的狂喜中，还在慢慢适应"已婚人士"这个新身份。我们忙乱、笨拙、兴奋，也有点迷迷糊糊的。母亲，对我来说，那是过于严肃、过于重大的责任和负担，我没有一点准备，也没有一点承担的勇气。

　　可是，我的孩子，却在无意中孕育了。她一天天在长大，完全不给我思考的余地。我还没有好好地享受做妻子的幸福，却要为一个孩子的意外到来，而准备做母亲了。

　　很多夜晚，我都踌躇着，睡不着觉。要，还是不要？这真的是一个生死的决定。要，有充分的理由：既然这个小生命已经降临，那么就该顺其自然，接受命运的安排。不要，似乎也有足够的理由：很早以前，我就对自己说，我虽然不能做一个完美的人，但我一定要争取做一个完美的母亲，我一定要在物质、精神、心理都足够强大的情况下，从容优雅地抚育一个新生命。

　　我甚至偏激地认为，这个世界上，之所以有那么多的罪恶、悲惨和不幸，就是因为我们有那么多不够格的父母。有那么多的父母，在自己还没能于生活中找到位置、确定价值、实现自我的情况下，在自己仍于生活中疲惫挣扎的时候，就糊涂盲目地把一个个新生命带到了人世，因

而将自己的不幸和残缺，复制给了下一代，使人间的不幸和残缺持续扩大。家庭的不幸，造成了社会的不幸，而社会的不幸，又加深了家庭的不幸。这真是一个恶性循环的链条。

结婚的时候，我就想，在有能力做一个优秀的母亲之前，我绝不能要孩子，如果我一辈子都没有做好这个准备，那么我就一辈子都不要孩子。然而，命运的安排打破了一切的设想。我的孩子，她猝不及防地来了。现在，一切后悔和补救都无济于事了。因为，那是一个生命。

所以，在最开始的时候，我可以说是一个不负责任的母亲，我没有好好地为一个孩子的到来，充分地做好物质和精神上的一切准备。这是一个大失误。不过，当事情降临的时候，我又愿意全力以赴，力争把这个失误变成一种惊喜。

——我们为什么要生孩子呢？其实，这个问题，在我们做父母之前，就应该深思熟虑，而不能等到生米煮成熟饭后，再来亡羊补牢。而对这个问题的考虑，以我的观察，几乎所有做父母的人，在生小孩之前，都是从自我出发的。他们生孩子，或是为了让爱情延续，或是为了传宗接代，或是为了养儿防老，或者仅仅是习惯使然、糊涂盲从，还有一些人，也许像我这样，属于被动接受。我觉得，这些都不是真正负责的态度。

我曾看过不少报道，说一些身患严重疾病、即将离开人世的母亲，怎样克服重重困难，一心想要生育一个孩子，报道的主题都是歌颂母爱的伟大。坦白地说，我对这类做法很不认同。

生命，是珍贵的，更是尊严的。而对尊严的保障，是需要一定的物质条件和精神关爱的。不具备这些基本条件，硬让孩子出生，恐怕会让悲剧再一次重演的。

对这个问题，最负责最正确的态度，还是应该从孩子的角度出发。如果设身处地从孩子的角度看，这个问题的答案显而易见。父母把孩子带到这个世界上，唯一的目的就应该是让孩子幸福！父母必须为孩子创造一个幸福、快乐的成长环境，帮助孩子实现幸福、快乐的人生！只有

这样，才能真正实现生命的意义和价值，体现出生命的尊严和美。

因此，在生孩子之前，我们都必须想清楚一个问题：我有没有足够的能力，给孩子创造一个幸福的成长环境，帮助孩子并和孩子一起实现幸福的人生？

拿我自己来说，自从确认要做妈妈的那一刻起，我就暗下决心：不管怎样，我一定要尽心尽力，做一个没有遗憾的好妈妈。让我的孩子成为一个真正幸福的人，这就是我最大的愿望。

可是愿望是红色的，现实却是灰色的。现实是你必须一分一秒地面对婴儿，一个除了哭闹什么也不会的婴儿，她是那样脆弱，一点点风吹草动，都可能引起她的损伤。而面对这一切的，是一个什么也不懂的年轻的新妈妈，一个自己还像个孩子似的天真笨拙的妈妈。

那时，我们自己住的房子很小。为了照顾女儿，我们就搬回了我父母的家里。父母在我们最困难的时候，为我们提供了全力的帮助。我母亲甚至为此办理了提前退休手续。那时，家里四个大人，成天围着一个婴儿忙碌，忙得像在打仗。我真没想到，抚养一个婴儿，是那么烦琐，需要操那么多心！

这给我好好上了第一课：原来，要想做个好妈妈，是那么难、那么难！怎么办呢？我的体会是，一个好妈妈，必须做到：有决心、有爱心、有耐心。

先来说说"决心"。要树立"我把孩子带到世上来，就一定要让他（她）幸福"这个信念。决心下得越大，付出才会越多。

女儿出生前，我对自己的事业还有很多设想，女儿一出世，我所有的想法都让位给了她。工作上，我只想做好自己本分的事，不想加班，不愿应酬，不想做出什么突出的表现。从前业余时间还会读大量的哲学、文学书籍，写点散文、随笔之类的小文章，在报纸上发表。女儿一出生，所有的爱好都自动停止了。那时，我只有一个心愿：我要全力以赴面对

自己的孩子，感受她每一天的变化，陪伴她每一天的成长，给她最多的爱与关怀，让她的每一天都不留下遗憾。

一个人的精力是有限的。人，在一定的时间里，只能集中精力做好一件事情。自己事业上的追求，任何时候都可以重新开始，而孩子呢，孩子的成长是不能耽搁和等待的。如果你错过了什么，那就是永远也无法弥补的遗憾了。

当然，如果我们的能力够强、条件够充足，也许，我们也能做到孩子和事业两不误，但现实情况往往不那么尽如人意。当需要有所舍弃、做出选择的时候，我认为作为一个母亲，应该把孩子的成长放在第一位。

这不是那种"把母亲打回家庭去"的陈腐观念，相反，我认为，这是一种全新的现代教育理念：在孩子未成年前，母亲把孩子的成长当做自己最根本的事业看待，这是对社会、对未来、对民族负责的态度。

孩子不仅仅属于家庭，他们更应该属于未来的社会，把他们培养成一个健全的美好的幸福的人，这是母亲对全社会做出的最大贡献。这样的孩子长大后，他们又会给多少人带来美好和快乐啊。社会的和谐与进步不正由此生发吗？

所以说，推动社会进步最有效最根本的办法，就是抓好家庭教育。而在家庭教育中，最重要最无可替代的角色，就是母亲。

其次来谈谈爱心。父母对孩子的爱，是一种天然的血缘的爱，它是自发产生的，持久而深沉。但这种爱，很容易变成一种占有之爱、自私之爱。父母把对孩子的这种血缘之"爱"，化成了一种天经地义、当仁不让的"权力"。

不少父母觉得孩子既然是我生、是我养的，那么我对孩子就拥有理所当然的权力，孩子就必须听我的话、服从我的要求，我怎样对待孩子，都是我自己的事情，别人无权干涉。还有一些父母，自己爱的付出，是期望以孩子的回报作为偿还的。这种出于功利目的的爱，不仅给孩子的

成长带来了沉重的压力，也让他们很容易产生攀比、失落、埋怨的心理。如果孩子达不到自己的愿望，他们就会抱怨、责难、心理不平衡，因而也很难做到持之以恒、无怨无悔地付出。

这些父母不能把对孩子的爱，化成一种无私、无求、平等、尊重的爱。而这种无私、无求、平等、尊重的爱，正是孩子成长最需要的爱，是构成他们幸福人生的基石所在。只有在这种爱里长大的孩子，他们的精神才会更健康，性格才会更阳光，才华才能得到更自由的发挥，他们也会更加懂得尊重自己、尊重他人。

记得女儿兰兰很小的时候，我们总爱鼓励她，但凡她做了什么小事情，我们都喜欢说一句："你真棒！"有一次，她做一项小手工，没有做成功，她悄悄地把东西扔掉后，自己趴在桌上伤心地哭了。

我问她为什么哭，问了好半天，她才说："东西没做好，我就不是很棒了。"我听了后，微笑地摸着她的头，告诉她："小傻瓜，在妈妈的心中，你永远是最棒的。你做好了这个小手工，妈妈夸你棒，是表扬你聪明能干。你没有做好这个手工，妈妈依然会说你很棒的，那是表扬你凡事肯自己动脑动手，敢于尝试。如果这次做不好，你能坚持再尝试一次，妈妈就会表扬你更棒的，那是因为你在困难面前不泄气，有勇气，敢于不断地努力、不断地尝试。"

"是吗？你是这样想的吗？"女儿对我这种"不以成败论英雄"的想法，感到有些意外。

"是啊，宝贝，妈妈从来都不是因为你好、你出色，才爱你。妈妈对你的爱，是无条件的，是随时随地的。只要你付出了努力，不管是什么样的结果，你在妈妈的心中，都是最棒的。"

女儿听了我的话，破涕为笑了。她又开始找材料，准备把这个小手工再做一次。

在这里，我也想强调一下，溺爱也不是真爱。对孩子的爱，并不意味着对孩子无休止地迁就、无条件地满足、无界限地纵容。溺爱的本质，

实际上是父母对自己的一种补偿心理，是滋长孩子自私、骄纵的放任行为，是把自己的孩子看成"世界之王"的浅薄自私之心。它让孩子不知道是非、对错、规则、界限，因此这不是爱，而只是害。

拿我们家来说，我女儿兰兰在很小的时候就知道，只要妈妈说一句："这是一个原则问题。"她就不会再将自己的要求坚持下去了，而是乖乖地听从大人的意见。因为，她知道，在原则问题面前，父母是不会让步和妥协的。无论她使出什么手段，比如打滚、赖皮、哭闹、绝食，都不会起作用。到最后，妥协和放弃的，一定还是她自己。

当然，涉及到原则问题的，一般也不多，都是一些关系到人品、是非的事情，还有一些对一生有影响的坏习惯。父母从小就要把这些事情限定好了，给孩子制定好一个品德的大框框，比如：不撒谎、说话算话、懂礼貌、遵守纪律、不打人、不害人、不霸道、不浪费、不虚荣、不说脏话、不搞特殊等等，让孩子不要越界犯规。

因此，父母对孩子不仅要有爱心，更应该明白什么是真正的爱、孩子需要什么样的爱，还要学会如何去爱。父母再也不能像从前那样，把孩子当成自己的私有财产，而要把孩子作为一个未来社会的合格公民去培养，而这本身，也需要新时代的父母具备全面的高素质。

最后来谈谈耐心。人的最大差别，不是想不到，而是做不到。而"想"和"做"之间的巨大桥梁，是需要用耐心的砖块，一块一块地慢慢搭成的。

很多父母教育的书看了不少，道理也都明白，说起来也一套一套的，但真要他们落实到行动上，他们又无法做到。决心是下了——要给孩子一个幸福的人生，爱心也有了——要给孩子一种平等无私的爱，可为什么做起来，一切还是老样子呢？

这就涉及到耐心的问题了。要知道养育孩子这件事情，是一项长期的考验，是水滴石穿的漫长道路，是不能一蹴而就、立竿见影的。

罗马不是一天建成的，孩子更不是一天长大的。做父母的人，需要耗费一辈子的心力、智力、精力和财力，需要交付无限的耐心，需要日积月累的付出，才能慢慢取得成效。那一分一秒的陪伴、一点一滴的引导、反反复复的磨合、日复一日的操劳、遥遥无期的岁月，都需要父母用无穷无尽的耐心去坚持。

尤其是在孩子幼年时期，从优生优育、如何早教，到吃、喝、拉、玩、睡、病，种种辛苦的付出、全力的投入、精力的耗费，对父母来说，真的是一种艰苦的磨练。所有做父母的人，都应该做好充分的准备，那就是耐心，耐心，再耐心。

记得在兰兰幼年时期，我们家晚上很少开电视。本来，我在电视台工作，出于工作原因和自己的爱好，我都喜欢看电视。但女儿出生后，因为很多电视节目都不适合孩子，而且会影响孩子的视力，耽误孩子游戏和运动的时间。如果仅让孩子不看电视，而大人自己却看得津津有味的，那么，孩子必然也会受到干扰和影响，而且大人也就没有时间陪伴孩子、与孩子一起交流互动了。这时候，大人必须做出一些牺牲，以孩子的利益为重，割舍掉自己的一些不适合孩子的爱好。

不看电视，于我来说，确实是一种毅力的考验，但为了孩子，我硬是克制住了自己的"心痒"。（由于从小养成了好习惯，兰兰上学之后，也很少看电视。有时学习累了，我们叫她放松一下，看一会儿电视，她也不喜欢看，而宁愿选择做运动。因为在她的记忆里，已经形成了做运动比看电视有意义的概念。）

那时，吃完晚饭，我们爱带孩子到楼下做游戏、做运动，有时会领她上街看看街景，沿途看到什么，就教她认识什么。回家后，我们又拿出各种故事书，给她讲故事。说实话，那些童话故事，在我看来，不少都很简单幼稚，而且都是耳熟能详的，没一点新意，但这些故事对幼小的女儿来说，却是新鲜有趣的。她不停地问这问那，讲完了一个，还要我接着讲另一个。

给女儿讲故事，对我来说，就是一种耐心的大考验。我开始学会从女儿的角度想问题。对于孩子来说，世界上的一切不都是新鲜有趣的吗？大人觉得无聊的东西，也许对孩子来说，却是有用的营养。而大人感兴趣的东西，孩子可能觉得没意思。所以，教育孩子，首先要学会从孩子的角度看问题。

人性中有一个普遍的缺陷，那就是，越是离我们亲近的人，我们可能越会疏忽或随意。父母和孩子之间，也是如此。很多家长，在工作中，在与朋友的交往中，可能会很有涵养、很有耐心、很懂得尊重与礼貌，但在家里，在与孩子的相处中，就会放任自己的脾气和个性，喜欢拿孩子撒气，言行过于随意，缺乏涵养和耐心。这是做父母的人，需要时时警醒的一件事情。也就是说，面对孩子，我们要经常提醒自己：我说的这句话、做的这些事，会不会给孩子带来什么不良的影响呢？

古人说：君子慎独。而对做父母的人来说，更应该"慎子"，让自己的一言一行，在日复一日的平凡生活中，给孩子树立良好的榜样，而不是留下不好的习惯影响。

所以说，孩子健康地生下来了，这只是万里长征的第一步。从此之后，我们这些做父母的，就要带上无限的耐心，一步一个脚印地，领着孩子开始漫漫长征了。

教育启示录

1. 父母在要孩子之前，一定要考虑清楚：这将是你们生命中最重大的一次选择，甚至比你们选择什么样的伴侣还重要。伴侣若相处不好，还可以分离，若将一个新生命带到世上来，这就是一个万劫不复、不能逃脱的大责任！这个世界上的人已经很多，可是真正活得幸福、有尊严的人，却很少。父母要反省自己有没有能力在物质和精神的准备上，为孩子提供一个良好的成长环境。

2. 把孩子带到世界上来，就是要让他（她）幸福！要想做个好父母，首先必须有这样的信念。

3. 当你把一个新生命带到这个世界的时候，在所有的社会角色中，母亲或父亲这个角色，将是你所担任的最重要的、最无可替代的角色。你必须全力以赴地承担起这个巨大的责任。好父母需要一辈子的考验和付出，必须有决心、有爱心、有耐心。

4. 教育孩子，首先要学会从孩子的角度看问题。

第三章　好妈妈就是最重要的事业

问题思考

1. 对一个女性来说，最重要的事业是什么？

2. 当培养孩子与自己的工作发生矛盾时，职场女性该怎样选择？

3. 作为一个母亲，最大的损失是什么？

4. 新一代的好妈妈，需要具备哪些优秀素质？

在美国常青藤联合会的一次邮件调查中，一个名叫安琪的耶鲁女大学生，在回答"就业选择"时，这样说："我的就业选择是什么？就是成为一名家庭主妇。"实际上，不仅仅是她，在此次调查中，有60％的女生都表达了同样的意愿：获得令人羡慕的学历，不是为了成为社会精英，而是为了更好地成为一名妻子和母亲。

这难道是社会的倒退吗？这样具有最优秀素质的现代女性，为何将母亲与妻子当成自己最重要的"事业"呢？其实，我觉得这里面包涵着一种更进步更新锐的理念。

记得在我女儿出生后，我就抱有这样的观点：一切以女儿的成长为重。那时，我在电视台新闻部做责任编辑，因是科班出身，文笔又很出众，所以很受领导器重，但凡遇到一些重大的采访任务，领导就安排我去采访，有时还需要出镜。而我先生工作也很忙，常常需要出差外地。怎么办？我就确定了一条原则：母亲在孩子的成长中有不可替代的作用，如果需要做出让步和妥协的话，那么，就"牺牲"我的事业，确保先生的事业不受影响。

说实话，孩子小时候，我在单位里确实有"不思进取""得过且过"的形象。出差外地的机会，尽量让给别人；加班加点的任务，抓紧上班时间搞定；业余时间的写作，暂时完全放弃；当然，入党、先进、评奖、晋升之类的事，也尽量离得远远的，一来不给自己在事业上增加压力，二来也是免得给人留下"挑刺"的话柄。

本来，单位领导是把我作为骨干和精英加以重点培养的，但我自忖有后顾之忧，不能做到全力以赴，于是在自知之明下，心甘情愿地退却和放弃了。我只想按部就班地完成好自己的本分工作，对得起那一份薪水，不想在事业上有什么突破和发展。余下的时间和精力，我就完全投入到女儿身上。

多年来，因为有"女儿的健康成长是我们家第一位的大事"这样的观念，所以我衡量一切的得失、利弊，都以女儿的成长为标准。凡是有

利于女儿成长的选择或放弃，我都觉得值得。

孩子一点一滴的进步、一丝一毫的感受，我都细致体贴地观察到了，随时随地给她指导、帮助。她的欢笑、眼泪、好奇、童真，像阳光，像空气，充斥着我的每一寸心灵空间。

我陪她做游戏，给她讲故事，带她看街景，教她学儿歌，不断地亲吻她、抚摩她；

从幼儿园开始，一直到高三，我没有缺席过女儿任何一次家长会，保持着与老师的密切联系；

女儿在学校里的任何一个比赛、活动，我都亲临现场，充当最卖力的拉拉队队员；

女儿的作文、周记，我都抽出时间，一字一句地打到电脑上，留做成长的印记和纪念；

女儿遇到了什么问题，我总是第一时间帮她分析情况，提出解决的思路；

女儿身体上任何一点不适，或是思想上任何一点波动，我总能最先敏锐地捕捉到，及时为她提供帮助；

每当看到一些对女儿的成长有启发的好文章，我都随时抄下来或剪下来，与女儿分享交流；

我总是把自己的成长经历，毫无保留地讲出来与她分享，在她遇到挫折的时候，给她最坚定最热情的鼓励；

我尽可能抽出最多的时间，陪伴在女儿的身边，参与到她的游戏和运动中，感知她的每一点快乐……

是的，我是一个职场女性，我也有自己的追求和梦想，但在孩子小时候，我宁愿在单位里，暂时做一个毫无起色的普通员工；而在家里，做一个一心奉献、不留遗憾的好妈妈，让我的孩子在母爱无微不至的关怀下，健康、快乐地过好每一天。

记得在孩子很小的时候，我几乎杜绝了所有的应酬活动。白天在单

位抓紧时间工作，一到下班时间，我就准时回家，把晚上的时间全部留给了女儿。即使是我的好朋友也知道，晚上我是不会应酬的。如果在外面应酬多一些，可能会多认识一些人，多些有价值的采访线索，多采写一些稿件，也许工作上会更红火，取得更多的荣誉，但我却觉得非常不值。有什么样的荣誉和成就，能比得过你与孩子共度的那分分秒秒呢？又有多少稿件的价值，能比一个孩子的成长更为重要呢？

当然，既然人还在职场，没有选择辞职，那么，最起码的职业道德和敬业精神还是应该具备的，也就是说，你还必须做一个称职的员工，对得起自己领的薪水。实际上，我对工作向来是认真负责、一丝不苟的。领导和同事们也达成了"共识"：不管是什么工作，只要交到盛琼手上，那就可以完全放心了。只是因为我无法在工作上付出更多，所以没能做出什么突出的表现，成不了出类拔萃的佼佼者。

不过，这样的"牺牲"在孩子长大之后，也就慢慢结束了。因为，女儿大了、懂事了，好习惯养成了，和父母的沟通更多了，很多事情她都能自己独立解决了，所以，我又有时间和精力，回到自己对事业的追求当中来。我开始了文学创作，并逐步做出了一些成绩。

后来我通过考试，调入到广东省作家协会，成了一名专业作家，在各类文学期刊和报纸杂志上发表小说、散文两百万字，出版了多部长篇小说，还以短篇小说《老弟的盛宴》获得了鲁迅文学奖。我的事业又迈上了一个新台阶。虽然起步比别人晚了一点，但这又有什么要紧呢？在陪伴女儿的成长过程中，我不也在收获、在感悟、在进步吗？

由于中国的现实状况，作为现代女性，我们可能还需要有自己的一份职业，不能完全回归家庭、做一个"全职太太"，但我觉得，在孩子小时候，母亲就是一个现代优秀女性最重要的"事业"。

职业是我们维持生计的手段，而"事业"是需要我们用心去奉献的。一个好妈妈，需要有应付职业和处理"事业"的智慧，尽量减少它们的矛盾。也许，为了"事业"的成功，需要我们职业上暂时的黯淡，那么，

就让我们心平气和、毫无抱怨地接受这种黯淡和平凡吧。毕竟，孩子的爱与笑容，已经是我们最辉煌的冠冕。

当然，也有一些现代女性持相反观点，她们认为，不能把生活的重心都放在孩子的身上。第一，这会给孩子压力；第二，当孩子长大，有了自己的生活之后，那做妈妈的，会感到非常失落，什么都没有了。

我曾在杂志上看过凤凰电视台著名记者闾丘露薇写的一篇文章，她就持这样的观点。她因为工作原因，不得不忍受与孩子的分离，在女儿最需要她陪伴的时候，不能陪在孩子身边。她对此的看法是，要让孩子知道，这个世界是不完美的，况且，孩子的自我调整能力很强，她能学会如何应付自己的生活。

我虽然尊重和敬佩这样的事业女性，也理解她们的矛盾，但对诸如此类的看法，却完全不能苟同。首先，我觉得，作为一个现代母亲，在孩子幼年时，一定要把重心放在孩子身上，孩子就是母亲最大的"事业"。如果培养孩子与自己的工作没有发生冲突，那当然两全其美；如果有冲突，就应该以孩子为中心，适当牺牲一点自己的时间安排和事业发展。

这怎么会给孩子压力呢？只有过去那种狭隘的"传统"女性，没有自己的理想和追求，把希望全部寄托在孩子身上，总是在孩子面前唠叨："你看，妈妈为了你，牺牲了这么多，妈妈今后的一切都指望你了，以后你要如何如何报答妈妈。"只有抱这种观点的人，才会让孩子感觉到压力。

而现代母亲，她将孩子当成事业，不是为自己，而是为整个社会承担应尽的责任和义务。她把这种行为看成一个现代母亲的职责和义务所在，是自己的必然选择，不会觉得这种牺牲是委屈，是需要回报的。她会告诉孩子："孩子就是人类的未来、祖国的希望。在我的心中，你的健康成长就是妈妈最大的职责，所以，妈妈必须好好地承担起来，让我们一起努力，好不好？"

其次，当孩子长大，有了自己的生活后，只有那种没理想没追求的"传统"女性，才会感到失落。真正高素质的现代女性，从孩子出生的那一天起就知道，孩子不是属于父母的，他（她）只属于自己、属于社会。父母所有的付出和辛劳，都是为了让他（她）更健康更全面更快乐地长大，是为了承担自己该承担的责任，而不是为了自己将来能得到更好的回报。她从小就告诉孩子："所有的动物长大了都要离开妈妈的，妈妈教你的一切，都是为了让你能在离开妈妈后，更好地生活。你飞得越高越远越独立，妈妈越会为你感到自豪！"

当然，一个高素质的现代女性，在孩子长大以后，她的世界会更大，她对世界的理解会更开阔，她仍然会找到属于自己的舞台，也仍然能在生活中发现更多的情趣。

再说，一个母亲全力以赴、不求回报地为孩子奉献之后，这个孩子必然与母亲确定了最亲密最真切的爱的联盟。孩子每时每刻反馈给她的爱，带给她的亲情与快乐，难道不比事业上赢得的那些名与利，更珍贵更无价吗？当孩子长大后，这个母亲只会有成就感，怎么可能有失落感呢？

这样的分歧，在我看来，关键的关键，是因为培养孩子的出发点不同。一个是为孩子培养孩子，一个是为自己培养孩子。为孩子的，完全站在孩子的立场，全心全意，无需回报；为自己的，站在自己的立场，总有这样那样的计较和权衡。

不过，需要强调的，这种愿意成为一个好母亲、好妻子的选择，并不是从前那种传统意义上的"家庭妇女"。现代母亲，是一个在心理、能力、品格、素质、才华、情绪、智商等各方面都需要全面"武装"的高素质人才。她自己必须与时代一起进步，了解最前沿的信息，掌握最尖端的资讯，学习最先进的知识，心胸开阔，眼界高远，在任何复杂的潮流面前，都能保持清醒、从容的心态，在挫折面前，能引导孩子乐观向上。

以我自己的亲身经历，我觉得，现代母亲并不需要完全放弃职业，做一个全职母亲。一切以孩子为重，可能只是需要我们尽量找一份不加班、少出差、相对清闲的工作，可能在晋升、加薪、评奖的时候，适当妥协一下，不要那么"拼命"。孩子小的时候，可能牺牲的时间、放弃的机会多一些，挣的钱少一些，晋升的脚步慢一些，在单位里平常一些。孩子大了，实际上，只要与孩子从小培养起了良好的沟通习惯和亲密无间的感情，那么，母亲的职业与孩子的教育，并没有太大的冲突。

我的体会是，自己的职业追求什么时候开始都不迟，就算有点耽误，也没有什么大不了的。你的工作完全有人比你做得更好。也就是说，在职业生涯上，你是可以替代的。而母亲，是无法替代的角色，是职责最重的角色。其他的一切角色都必须服从这个角色。淡漠了与孩子的感情，是一个母亲最大的损失。造成孩子成长中的遗憾与阴影，是一个母亲最大的失败。错过了孩子的成长期，那就是永远地错过了。

不过，如果一位女性，真的觉得自己的职业追求是最重要的、最有价值的，是不能牺牲和让步的，也是没有人可以替代的，那么，我建议你，最好推迟要孩子的时间。等自己做好了一切准备后，再来从容不迫地养育孩子。这样对孩子才是公平的，也是真正负责的态度。

我以为，一个母亲的素质，对一个家庭的幸福起着决定性作用，而全体母亲的素质，则对整个民族的素质起着决定性作用。所以，要想提高民族的素质，关键还在于提高母亲的素质。一个善良、文明、宽容、乐观、坚强、自尊的母亲，是一个孩子成长的最好的学校。

曾在一本书上看到过这样一种提法，我觉得非常有意义。这种提法就是：教育的"三化"。

第一是人性化，即：用人性化的方式培养孩子、教育孩子，从孩子的心理出发，把孩子培养成心智健全的人，而不是扭曲、自私、奴性的人。

第二个就是人文化，即：使人越来越趋于文明和理性，懂得尊重自

己和他人，教育方法也是建立在文明、平等、开放的基础上的。

第三个就是人法化，即：使人具有充分的现代公民意识，包括现代公民的权利意识、责任意识以及法治观念，使孩子长大后，能适应规范、现代的法制社会的要求。

做一个现代的母亲，就必须拥有现代的素质、掌握现代的技能，按照现代的要求，与时俱进，为未来培养合格人才。

教育启示录

1. 从孩子诞生的那一刻起，好妈妈就是一个女性最重要的"事业"。这不是为孩子做出的牺牲，而是对职责的自觉承担。

2. 在孩子的教育上，母亲的角色是别人无法替代的，也是无法弥补的。淡漠了与孩子的感情，是一个母亲最大的损失。造成孩子成长中的遗憾与阴影，是一个母亲最大的失败。错过了孩子的成长期，那就是永远地错过了。

3. 孩子能健康快乐地成长，是对一个母亲最高的奖赏，也是一个母亲最大的成就。

4. 母亲的素质是家庭幸福的关键所在。要培养出一个好孩子，先要做一个好母亲。新时代的母亲，必须具备全面的高素质。

第四章　向"虎妈"和"狼爸"坚决说不

问题思考

1. 开车要驾照，开店要执照，结婚、生孩子都要证明，那么，做好父母是否需要一个执照呢？

2. 做父母，到底意味着一种必须承担的责任，还是一种天经地义的权利？

3. 孩子是属于父母的吗？他（她）到底属于谁呢？

4. 父母对孩子的伤害，最根本的原因是什么？

5. 为什么必须坚决向"虎妈"和"狼爸"说不？

在豆瓣网上，有一个小组非常火热，那就是名为"父母皆祸害"的小组。"父母毁掉了我的自信心！""我差点被老爸从阳台扔下去！""我们的父母大多不懂得自我反省……"一个个尖锐的话题，如石激浪，反响热烈。正如网上有人描写的那样："这里到处都是痛苦的哭泣和哀号，这里充满着绝望的求救和呼唤。这里的生活暗无天日、孤立无援，这里随时都可能有人受伤致死、有人放弃生命。"而小组成员受到的恰恰是来自父母的伤害。我希望做父母的人，有空都能去那个小组看看，了解一些孩子的真实想法，反省一下自己的教育方式。

在这个小组发帖、回帖的，多为80后、90后的人，他们在成长中都受到过父母很多的伤害，有些创伤性记忆已成为他们生命中最痛苦的一页，使他们长大后也无法释怀。为此，他们很多人一生都走不出那些阴影，在生活中备感痛苦、绝望和失败，有些人甚至患上了严重的心理疾病，丧失了生活的勇气。

这些帖子大多说的是，父母把年幼的孩子不是当成出气筒，就是当成自己豢养的动物，或者随意打骂、人格侮辱，或者期望过高、求全责备，或者霸道强迫、剥夺自由，有些甚至还有虐待的行为。虽然这些父母口口声声称自己所做的一切，都是为了孩子好，但实际上却给孩子带来了严重的伤害。面对父母的强势，孩子毫无反抗能力，只能选择服从和忍受，但心里的痛苦和阴影，会折磨他们一辈子。

每当我看到那些帖子，我的心都忍不住颤抖。这是人世间最恐怖的一幕场景：父母对孩子的伤害，使幼小的心灵从此失去阳光。这个世界上从此又多了一个不幸的人。由于这些伤害多发生在年少时，所以记忆最为久远、深刻，又发生在至亲之间，所以折磨最为痛苦、惨烈。它们留下的伤口是最深的、最难痊愈的，也是最不愿意向人启齿的。

很多家长可能以为孩子小，打一下，骂几句，孩子恐怕过些日子就忘记了。其实，这是一个大误解！孩子，实际上比大人要敏感得多，记忆要深得多。很多事情，大人可能没当回事儿，过几天就忘了，但孩子

却记得很牢。特别是伤害了他的自尊心、让他感觉委屈和恐怖的事情，都会在他的脑海里，留下深深的印记，很多记忆还会变成一辈子的伤痕。另外，孩子毕竟年幼，他们对事情的理解和看法，会比较片面、幼稚。有些事情原本没那么严重，但被他们的小脑袋想得太过严重了，从而在成长中留下一个难以化解的阴影。

这些受伤的孩子长大成人后，大多有一些或轻或重的心理疾病，建立不起对世界、对他人的信心与爱，缺乏安全感，自卑、孤僻、嫉妒、狭隘，有些甚至变得凶狠、暴戾。更为可怕的是，他们自己做父母后，又情不自禁地模仿起父母从前对自己采取的那种粗暴可怕的教育方式，在子女的身上施加了相似的伤害，从而使得这样的悲剧一代一代地"复制"了下去。

怎样才能斩断这个可怕的恶性循环式的链条呢？

我想，我们应该从自己做起，斩断悲剧的"根子"所在，做一个够格的好父母。

那么，这个"根子"到底是什么呢？从所有被父母伤害的这些孩子的回忆中，你不难找到一个共同之处，那就是他们的父母抱定一个观点：孩子既然是我生、是我养的，那么我对孩子就有天经地义的支配权利；无论我对孩子提出什么要求，都是无可厚非的；我怎么对待孩子都是我自己的事情，都是我的权利所在——父母到底是天经地义的权利所在？还是必须担负的责任所在？

我以为，这里关系到对父母的一个基本认知的问题。也就是说，做父母，需要一个最基本的"执照"。

我们都知道，店铺开张要执照，企业挂牌要执照，开车要执照，上岗要执照，夫妻成家过日子要执照，生孩子要执照。那么，做一个好父母，是否需要执照呢？

很多人可能觉得这个问题问得蹊跷。生孩子的执照一领，不就等于

领了做父母的执照吗？孩子一出生，夫妻不就自然而然升格做了父母吗？

其实，我想问的是，你们虽然在生理意义上做了父母，但你们是否在心理意义和社会层面上够格做一个好父母呢？——这就涉及到家庭教育一个根本的问题：除了生理正常外，什么样的人才有资格做父母？

心理学告诉我们，人类的所有活动包括认知、情绪和行为。其中，情绪和行为都是由认知所决定的，可以说，人与人之间的不同，归根到底就是认知的不同。撇开物质条件、内外环境、综合素质、性格修养这些"硬件""软件"不提，好父母与坏父母的区别，关键还在于基本认知的不同。而我以为，要想做个好父母，必须具备以下两个最基本的认知。

其一、做父母绝不意味着对孩子的"恩德"，而只意味着对孩子的责任。我非常认同鲁迅先生在九十年前说的一句话："饮食的结果，养活了自己，对于自己没有恩；性交的结果，生出子女，对于子女当然也算不了恩。——前前后后，都向生命的长途走去，仅有先后的不同，分不出谁受谁的恩典。"这句话虽然听上去有些刺耳，但道理就是这样的。连动物都有生育和抚养的本能，都有舐犊和护犊的爱心，父母在这件事情上，又有多少了不得的大恩大德呢？

把孩子带到世上来，是父母双方的生理需求和情感结晶，哪怕水到渠成，也是父母从自己的理性与情感出发的结果，并不是孩子的自由意志。所以，新生命一旦降临，父母就对这个新生命负有不可推卸的责任，并且需要承担一辈子。

拿句通俗的话说，生孩子，不仅不是"给"，反而是一种"欠"。做父母的，从一开始，实际上就"欠"了这个孩子的——是父母把孩子带到了这个无法预料的世界上，让孩子承受着无法预料的命运。如果说有"原罪"的话，那么，这个"原罪"当然属于父母，而不是孩子。因为孩子是完全无辜和被动出生的，而父母是成人，成人就必须为自己的行为以及这个行为所带来的后果，负一辈子的责任。这有什么难以理解

的呢？

　　其二、虽然是父母的精血孕育了孩子，但从孩子降临的那一刻起，他（她）就是一个独立的人。孩子不属于父母，只属于自己，属于社会。也就是说，孩子不是父母的私有财产，而是暂时寄养在父母身边的未来社会的公民。孩子有和父母一样的人格尊严和自由意志。父母只有抚养、教育孩子的义务，没有剥夺、强迫孩子的权利。

　　正如古人孔融所说："父之于子，当有何亲？论其本意，实为情欲发耳！子之于母，亦复奚为？譬如寄物瓶中，出则离矣。"在这个世界上，每个人都是独立、自由的，他（她）的天赋人权和社会权利，即使是他（她）的父母，也必须尊重，不得侵犯。

　　如果父母养育子女，是为了将自己的意愿强加在孩子身上，或者是为了给自己带来什么回报，那么父母和孩子之间还剩下多少温暖的亲情呢？父母又有什么权利，在教育孩子的时候，冠冕堂皇地宣称自己"我一切还不都是为了你好"呢？

　　实际上，这样的父母是自私又功利的，他们扯一面传统的道德大旗，做出理所当然、古来如此的样子，只是因为他们不敢直面自己的内心，不敢接受任何的诘问，不敢做出深刻的反省，不敢将自己的人生重担完全承担起来。他们通过控制孩子，企图实现自己的愿望，这实际上是对另一个生命的束缚和伤害，而大多数的家庭冲突也由此引发。

　　我认识一个女人，她在大公司任职，人长得很漂亮，也很聪明，伶牙俐齿，活泼能干，她能在很短的时间内，赢得很多人喜欢。可是，和她相处一段时间后，大多数人都会觉得她为人自私冷漠，自我中心，很少考虑别人的利益，对人缺乏真正的感情，与她无法交心。渐渐地，越来越多的人，都开始疏远她，她在单位里显得有些孤立。

　　读书时，追求她的异性不少，她挑选了一个对她百依百顺又体贴能干的男人，做了自己的丈夫，认识她的人都羡慕她的好福气。可是，结

婚没几年，就传来他们吵吵闹闹、分分合合的消息，当然，最后他们还是以离婚收场。

与大多数母亲会在离婚后争取孩子的抚养权不同，她坚决不要刚上小学的儿子。有一天深夜，我接到她的电话，她在电话里，诉说自己很孤单、很苦恼。她跟我聊了很久。她说，离婚的过错全在于自己，因为她太任性、太霸道，从来不考虑丈夫的感受，硬生生将一个模范丈夫，逼得"揭竿而起"。

她说，自己这种性格，全是父母造成的。因为她成长在一个特别暴戾、冷漠的家庭，从小，她感觉不到父母的一点温暖，犯一点点小错，就会招致父母的毒打和辱骂，有时，父母还会因为心情不好，无缘无故拿孩子撒气泄愤。而且，她的父母之间，也缺乏感情，几乎是一天一吵、三天一架。她们家三个孩子都是在一种战战兢兢的环境里长大的，缺乏安全感，特别自卑。所以，长大后他们都很难相信别人、相信感情，甚至将别人的一切关心和感情，都视为虚假、做作，心里非常厌烦、排斥。

她说，他们家三个孩子长大后，家庭生活都不幸福，她哥哥结了两次婚，离了两次婚，妹妹至今未嫁。三个孩子，都选择了远离父母，在外地工作。

最后，她哽咽地告诉我，说自己把儿子留给丈夫，并不是自私自利，怕带孩子麻烦，而是害怕儿子在自己身边，也沾染上了坏情绪，学到了自己身上那些不好的性格。

我劝她原谅自己的父母，从幼年的创伤记忆中走出来，重新调整心态，学会爱与被爱，相信他人，以一种积极开放的心态对待生活。她悲伤地说，哪有你说得这么容易呢？道理我早就明白了，这么多年来，我也一直在努力、在挣扎，但这样的性格已经融进了我的血液里，你能让一个在狼窝里长大的孩子，相信爱与温暖吗？

她的话让我深感震撼。我没想到，家庭对一个人的影响那么大，大到需要你用一辈子的时间和代价去承受。所以，那时我就想：一定要给

孩子创造一个充满爱、充满温暖的成长环境，让孩子的记忆只有阳光、没有阴影。

自我女儿出生开始，我就抱定了一个宗旨：尽心尽力，全力以赴，问心无愧，不求回报。

为什么要尽心尽力、全力以赴呢？因为你对孩子有不可推卸和必须承担的责任。

为什么要问心无愧呢？因为我们再怎么努力，可能都不会完美，可能都会有遗憾，但我们必须时时刻刻反省自身：我这个家长做得够格吗？我还需要在哪些方面加以改进？

为什么要不求回报呢？因为你与孩子的爱，是最天然最真挚的，是发自肺腑的，你不求他（她）的回报，而实际上，你在和他（她）一起成长的岁月中，已经获得了最丰厚的回报。孩子对你的依赖与亲情，孩子带给你的纯真和快乐，孩子激发你的成熟和成长，这些都是你生命中无可替代的珍宝。

最近一段时期，社会上传出什么"虎妈""狼爸"的报道，也得到了一些家长的响应。我看到一些有关的消息后，有一种非常悲哀的感觉，好像我们的教育走了这么多年后，又大踏步地后退到"封建时代"了。

其实，就算像他们报道的那样，"虎妈""狼爸"的孩子都成长得不错（实际上，也不知道孩子们的真实想法，心里有没有抵触和伤痕，也不知道孩子们的未来发展会怎样），那也只是教育的特例。他们的所谓成功，只是孩子的自我成功。是因为孩子们本身心理素质极好，特别愿意付出艰辛的努力，天赋也很不错，在父母那么高压、强制、剥夺、侵犯之下，还没有抑郁、扭曲、变态、消沉，还能取得一定的成绩。我觉得，这样素质的好孩子，如果他们的父母能采取更科学的教育方法，这些孩子还能取得更大的成绩，在成长中得到更多的快乐和收获，他们的发展后劲和潜力会更大。

如果"虎妈"和"狼爸"碰到的只是普通的孩子，智力一般或较差，自尊心很强，性格倔强或者脆弱，不肯向家长妥协，那么他们的教育方式，极有可能会给这个孩子带来严重的心理问题，引起激烈的家庭冲突，甚至会酿成家庭的巨大悲剧。这些孩子将来长大后，可能不仅成不了才，甚至都做不好人，一生摆脱不了沉重的阴影和伤痕。

每当我想起"虎妈""狼爸"的孩子，我的眼前都会浮出这样的画面：马戏团里手拿皮鞭的驯兽师，正在呵斥和训练着他们豢养的小动物，让它们做出各种高难度的动作，以博得人们的掌声。驯兽师是严厉的，而那些小动物们一边做动作，一边还要在心里感谢驯兽师的皮鞭，感谢他们养育了自己，教会了自己各种复杂的特技动作，并不断地说服自己：他们打我们，是为了让我们好……

"虎妈"和"狼爸"的错误，在于他们觉得自己有权利决定孩子的人生，干涉孩子的生活，剥夺孩子的自由，侵犯孩子的尊严。在他们眼里，孩子只是他们的"木偶"，随他们自由支配和摆布。他们把自己的喜好和人生选择强加在孩子身上，将自己未实现的理想和愿望寄托在孩子身上，规定孩子的成长，抹杀他们的天性，以爱的名义，对孩子进行理所当然的侵犯（不过，他们在孩子身上倾注的操劳和心血，也有值得肯定的一面）。

本来，"虎妈"和"狼爸"，都只是极个别的特殊案例，我们也可以从正面意义上去这样理解：由于他们的孩子心理、智力、性格等基础条件非常好，他们按照因材施教的办法，确定了一个适合他们自己的教育方式，让孩子在高压下得到强化训练，加速成长（"虎妈"就曾表示，她之所以采取这样的教育方式，主要是针对美国孩子太过放任、自由的现状）。但这种方式只能适合他们那样的孩子，是绝不能推广和借鉴的。他们在教育上暂时性的成功，很大程度上在于他们的"幸运"，即他们的孩子性格太温良了，太容易向父母妥协了，太愿意接受"驯服"了，没有什么对抗、逆反或脆弱的表现。特殊的案例，就必须特殊地对待，除非

你的孩子也是一个在心理、智力、性格等诸多方面特殊的孩子。

这件事情最大的错误，是新闻、出版、教育等领域，为了一些商业利润或吸引眼球，将其大力宣传，推波助澜。这样，势必会给整个社会及无数的家庭，带来可怕的危害。因为，对于绝大多数具有普通（和较差）智力、普通（和较差）心理素质的孩子来说，"虎妈""狼爸"无异于马戏团里那些手拿皮鞭的驯兽师！

我曾问过几个亲友的孩子，他们都表示自己如果出生在那样的家庭，一定会选择离家出走或者有其他极端行为。

在"虎妈""狼爸"那样的高压教育下，这些普通的孩子失去的可能不仅是童年的快乐，还有宝贵的人格尊严、自由意志。他们或许学不会真正的爱与尊重，形成不了健全完善的人格，形成不了自信乐观的性格。长大后，他们不但可能无法成材，也许一生都走不出这样的阴影，甚至还会把这种阴影一代一代地传下去。

教育启示录

1. 做父母并不意味着对孩子的"恩德"，而只是意味着必须承担的"责任"。

2. 孩子不是父母的私有财产，孩子只属于自己，属于社会，所以必须尊重孩子的独立人格和自由意志。

3. 这两点基本认知，是为人父母的"精神执照"。没有这个"执照"，就是不合格父母。

4. "虎妈"和"狼爸"都是教育的特例，不具备普遍的借鉴意义，不能向绝大多数的普通家庭推广，否则可能会给孩子带来伤害，给家庭制造悲剧。要理直气壮地向"虎妈""狼爸"说不。

第五章　教育的法则就是追求幸福

问题思考

1. 教育的出发点和目的地是什么?

2. 感受幸福是一种能力吗? 这种能力可以培养和加强吗?

3. 快乐健康的心态从哪里来的?

4. 如何培养孩子的自信心?

5. 成功人生的衡量标准是什么?

在我女儿出生的时候，有一则广告，简直家喻户晓，是一则为儿童补充钙质的某某冲剂的广告。在广告的结尾，有个美丽健康的女明星，总是用甜蜜的声音，说着："不要让孩子输在起跑线上哦！"我一看到这个广告，就气不打一处来。

这则广告到底在宣扬着什么样的理念呢？一个"输"字，似乎宣告着：人生从一开始，就是一场你输我赢的残酷竞赛。想想这有多可怕啊。难道人从一生下来，就被押上了赛场，要和别人进行一场疯狂的较量？难道这世上的人，都是一个赛场上的竞争对手？连喝点补钙药，都想着这是在和别人"比赛"，这人生还有什么幸福、乐趣可言？

虽然已经有不少家长意识到这个问题，不想让孩子一出生就面对一个残酷竞争的环境，但是，这种可怕的功利式、竞争式教育理念，在应试教育的体制下，不仅没有得到遏止，反而有一种愈演愈烈的趋势。

在我女儿成长的儿童期，正是各种培训班、兴趣班风行的时期。而她爱好广泛，对什么都有兴趣。作为家长，我们没有要求她参加任何一个兴趣班，只是对她说：随你便，你自己做决定。但是我女儿的求知欲很强，好奇心很重，于是，每个学期，她都自己报名参加了学校组织的课外兴趣班。她按照自己的兴趣，先后参加了书法、声乐和舞蹈班的学习。当她看到别的同学练琴时，又吵着要父母为她请来家教，先后学了小提琴和钢琴。

说实话，她不是一个用功的孩子，加上我们也没有对她提出任何要求，结果她三天打鱼，两天晒网，好奇一过，热度顿无。她就像那个掰玉米的小熊一样，拔一颗，扔一颗，每样爱好都只学了点皮毛，最终什么也没学成。

如果说，作为母亲，我没有一点失望，那是假的，但我并没有强迫她，没有给过她一点压力，更没有责怪过她。她自己想学什么，家里就给她创造条件，她不想学了，那就停下拉倒。她回家，父母问得最多的一句话，就是："你今天快乐吗？快乐就好。"我们总是反复对她说："身

体健康、心理健康最重要，其他的，随你自由。"

小学时，有时老师留下的作业太多，她不想写，我心里很支持她，觉得把一种题型、一个生字练习、抄写很多遍的方法，是对孩子创造力和想象力的破坏，是对孩子游戏时间的剥夺。这种"填鸭式""机械化"的学习方法，完全是应试教育的产物。但为了维护学校和老师的威信，我又觉得没必要和学校、和老师，明目张胆地唱反调、对着干。毕竟这样的教育模式，对学校和老师来说，也是不得已而为之的。他们虽然也看出了其中的弊端，但在升学、上线、创优之类的指标压力下，也只得屈从和跟风。这是整个社会的问题，不是哪个人、哪所学校能轻易改变的。

面对这种现实情况，我非常理解老师的苦衷和无奈，所以就采取了"委婉抵抗"的办法，硬着头皮给老师打"报告"，费尽心思找出各种"正当"理由，帮女儿"蒙混过关"，这样，既维护了学校的制度和老师的威信，又在可能的范围里，减轻了孩子的功课负担。

一到节假日，我们便让孩子放松心情，带她到附近的公园、景点游玩，在湖光山色中，让她感受自然、感受季节、感受美。而对一些公益活动、社会实践活动和体育运动，我们却看得很重，总是鼓励她积极参与，还抽出时间，身体力行。

实际上，在所有的礼物中，我只挑了一样送给女儿，那就是"童年的幸福"。

因为，在孩子成长之初，我就将"幸福"当做教育的第一要旨，确定了"幸福教育法则"，即把幸福作为人生的追求目标，帮助孩子树立乐观向上、自信阳光的人生观，让孩子在成长中找到快乐、享受幸福。没有健康快乐的心境，就形不成健全完善的人格。

我认为：无论你的孩子是卓越的，还是平凡的，他（她）首先应该是快乐的！

而快乐健康的心态从哪里来呢？从父母那里来。首先，父母要给孩

子永远的安全感。父母的爱是无条件的、随时随地的、不求回报的。只有给孩子这种没有负担的爱，这种不掺杂私利的温暖，孩子才会从内心里感到来自亲情的爱与力量，才不会动摇。

其次，父母自己要尽量成为一个乐观向上的人。虽然，做父母的，可能内心有伤痕、阴影，可能受到过挫折、打击，可能在生活中感到不如人意，但在孩子面前，我们要尽可能多地展示自己坚强、乐观、幽默、潇洒的性格，时时展现笑容，时时鼓励孩子，告诉孩子：没什么大不了的，你已经尽力了，在父母的心中，你已经很棒了！

记得女儿小学时曾在报纸上发表过一篇作文，是写父母之爱的。文章充满了乐观向上的精神：

我出生在一个充满阳光的家庭里。爸爸妈妈用生命养育了我，用爱给了我在成长中扬帆的激情，使我这只小舟快乐地驶向成功的彼岸。

在我十一年的成长岁月里，我记忆的天空上飘浮着很多美丽的彩云。我像一只欢乐的小鸟，飞翔在那些饱含着爱的彩云之间……

记得我读一年级的时候，右腿不慎得了滑膜炎。医生说，我的腿需要做牵引。在我住院的半个月里，爸爸妈妈一直轮流守护在我的身边，悉心照料我。他们还为我读着各种各样有趣的故事书，陪伴我度过了医院里那些单调的时光。有一次，医生要抽我腿上的骨髓做化验，爸爸妈妈在一旁紧紧地攥着我的手，叫我不要害怕。可是，当医生的针头扎进我的腿里时，我看到妈妈已经泪流满面。那一刻，我深深地感到一股爱的暖流，流遍了我的全身。这种爱的力量也促使我坚强地战胜了病魔。

平日里，我的父母最关心的就是我童年的幸福和快乐。我一放学回来，他们见到我的第一句话总是："兰兰，你今天过得快乐吗？"而当我表示肯定时，他们的脸上就会露出慈爱的笑容。他们

告诉我："人生是长跑，健康心态最重要。"

寒暑假的时候，爸爸妈妈经常带我出去旅游。我登过高耸入云的大山，也游览过碧波万里的大海；我曾在古老辉煌的名胜古迹里徜徉，也曾在趣味无穷的海洋公园和野生动物园里嬉戏。在开阔、壮美的大自然面前，他们鼓励我从小要树立远大的理想，不要被生活里的琐事、烦恼束缚了心灵。他们对我说："你的心有多大，世界就有多大。"我很喜欢这句话。

我知道，在未来的岁月里，我这只行进在生活的大海上的小舟，一定会遇到风浪的袭击。但我更知道，父母的爱，将是一种大海所不了解的力量，始终伴随着我、鼓舞着我，让我这只自信、快乐的小舟，向着理想顺利地扬帆起航。

现在的时代已经与我们当初成长的环境大不相同了。从前是计划经济时代，人们思想相对封闭保守，人生道路比较稳定，也比较狭窄，而现在的孩子物质条件虽然比我们那时优越很多，但他们面临的挑战、竞争、压力，他们所要掌握的知识、技能、本领，都比我们当年要多得多。

所以，我认为，教育的首要问题就是要培养孩子健全的人格和良好的综合素质。只有这样，孩子长大后，才能坚强、乐观地应对各种复杂的社会环境和严峻的竞争压力。而要做到这一点，关键是我们的教育必须首先从孩子的立场出发，体谅孩子，理解孩子，以各种途径增强孩子的幸福感，设身处地地帮助他们应对未来的挑战。

我曾看过一篇报道，说一个优秀的高中学生，本来成绩很好，并没有学习压力，他的梦想不是做高官、发大财，而是将来开一家咖啡店，过一种自己想过的简朴生活。他特别反感现在的教育制度，觉得读好书、将来上好大学、出国留学、找个好工作这种被大众认可的成功之路，完全没有意义，于是，他选择了从自家的楼上跳下来自杀，以一己的生命

来抗争这种似乎被规定好的人生之路。

这个自杀的少年与其他自杀的孩子不同。他不是面对无法克服的学业压力，也不是心理有问题，相反，他活泼开朗，人缘很好，成绩优秀，他是清醒而冷静地选择了自杀。只是他的思考太幼稚、太片面。

虽然事情有突发性，但我还是觉得，这个自杀少年的父母有不可推卸的责任。报道中可以看出他的父母对孩子非常关爱，也是知识修养水平都较高的人，但我以为，他们忽略了与孩子的交心，不知道孩子开朗的外表下，到底有什么样的真实想法。

如果孩子就是不想读书，不想上大学，不想走人人都走的那条路，为什么不可以鼓励孩子，尝试走他自己喜欢的道路，帮助他追求与众不同的梦想呢？而且，我还以为，这个自杀少年的家长，也忽略了对孩子的生命教育。父母应该让孩子从小就懂得，生命是如此的珍贵，一个人的生命不仅属于他自己，也是属于社会的。他这样轻率地对待生命，把悲伤和绝望留给了多少关爱他的亲人啊，他的自杀给亲人带来了多么大的创痛啊，这是对生命极大的轻视和不负责任。

厌恶这样的教育体制是可以的，厌恶大多数人都追求的人生目标也是可以的，但我们的抗争，是需要自己一步一个脚印地在生活中走出来的。你得用自己的行动证明，自己那种独特的人生选择是最适合自己的，也是正确的。你要为梦想仔细设想，认真规划，一个步骤一个步骤地去准备、去尝试、去努力，就算将来由于各种原因，没能实现自己的梦想，也能用良好的心态接受这一切。

幸福，是人生最重要的价值。有什么样的成功比幸福更重要呢？

由于我们对孩子实施的是"幸福教育法则"，把获取幸福感当成人生的根本追求，把在平凡的生活中发现快乐、享受快乐，在快乐中健康成长，当成教育最重要的目的，所以，我女儿的成长记忆是非常幸福、快乐的。她经常会对我们说："爸爸妈妈，我怎么觉得自己太幸福了，幸福

得都有点不好意思了！"

实际上，当我听到她这样说的时候，我的幸福已经超过了她。因为那一刻，我感到作为一个母亲，我所有的努力和付出，都有了最值得的回报。——她的幸福比我自己的幸福，还要让我感到幸福！

其实，感受幸福也是一种能力，也需要培养，也可以加强。

因为我自己的性格中有过度追求完美的倾向，从前对拥有的一切都不懂得珍视，将得到的一切都视为理所当然，因此缺乏幸福感。所以，在女儿的成长中，我就特别接受了这个教训，经常告诉她：人生是不完美的，每个人都有这样那样的遗憾，要学会在平凡、平淡的生活中发现美、发现快乐，要学会知足、感恩。

当女儿说自己感到幸福的时候，我们经常对她说："你说一声幸福，比你考100分，还要让父母感到快乐。没有幸福，即使拥有一切，也毫无意义。"

我们也经常讲一些贫困地区的孩子们的故事，讲一些人生中可能会发生的灾难、意外，讲世界上一些战火不断的国家和那些朝不保夕的人民，让她知道自己现在所拥有的一切，已经是多么的幸运，让她从小就懂得知足、感恩。

长期的熏陶，让我女儿成了一个"幸福感"很强的人。一点点好事，哪怕是在路上看到了一只可爱的小狗，听到了一首喜欢的歌曲，或者是与同学们做了一个好玩的游戏，看了一场有趣的电影，等等等等，再小的事情，都会让她有幸福的感觉。

她曾写过一篇名为《感谢》的日记，记录的是她住校生活中最普通的一天，都是非常小的一些芝麻事情，但从中可以看出，她是个知足常乐、很懂得感恩的孩子。日记是这样写的：

今天早上，我的心情原本低落到了极点，但是，中午有一件事让我渐渐高兴起来，让我越来越感觉到我是上帝的宠儿。

昨天晚上，我的睡眠时间不足五个小时，因为我们宿舍的空调不制冷。可怜的我！今天，我不得不一直打着哈欠洗脸、刷牙、吃早餐。上课时，我强打精神熬过了前三节课，到了第四节，我已经进入了"半睡眠状态"，听着老师讲，却听不见讲什么，睁着眼睛，但脑子对看到的东西做不出反应。

第五节课的下课铃使我清醒了一阵。我没有去饭堂吃饭，而是回宿舍，坐在床上眯着眼睛发呆，肚子并没有感到饿，我怀疑自己是不是得了厌食症。不过，我还是下床来找吃的，因为我的柜子里有牛奶。我不知道把牛奶放在哪里，所以我把柜子翻了个底朝天。（嘻！太夸张了！）我觉得这很值得，因为结果让我兴奋：我不仅找到了牛奶，还找到了饼干！哈，真是因祸得福！我感动得想哭。

我是一个很会感恩的女孩子。我先感谢上帝，感谢他让我决定不去饭堂吃饭，再感谢他让我想喝牛奶。我还要感谢帮我带饼干到学校的那位大好人——我的妈妈，感谢她想得那么周到，会为我准备干粮。

感谢完，我的肚子都已经咕咕地抗议了。于是，我三下五除二地吃完饼干，满意地咂咂嘴，嗯，饼干的味道真不错！尽管我不敢保证这是不是我肚子太饿的缘故。

刷完牙，我就躺在床上睡午觉。不久，我惊喜地发现空调好像修好了，可以制冷了。好高兴！又让我对上帝、对老师感谢了一番。感谢完，我就睡着了。下午起床时，我的心情变得像阳光般灿烂！

在快乐中成长的孩子，她的性格必定是阳光、开朗、乐观的。记得有一次，我先生过生日，女儿用自己的零花钱，为她爸爸买了一只精致漂亮的小羊雕塑。那只小羊是用玲珑剔透的有机玻璃做成的，女儿把它

作为生日礼物送给了爸爸，因为她爸爸属羊。

接到这个礼物后，她爸爸高兴得不得了，把这只玻璃小羊看得特别重，把它放在了自己的办公桌上，以便每天都能看到这只小羊。可是，有一次在搞卫生时，他无意间让小羊摔了下来，摔断了一条腿。看着这只三条腿的"羊"，他伤心极了，又觉得不好向女儿"交代"。

可是，没想到，当他把这件事情难过地告诉女儿后，我女儿却乐呵呵地说："没所谓啦，三条腿总比没有腿强啊，更比摔碎了强啊，这只小羊只是残疾了，它还没有死呢！"于是，这只三条腿的羊，依然放在桌子上，虽然它已站不起来了，但它带来的，在温暖之外，更添了一种乐观和坚强。

这件事成了我女儿的"经典佳话"之一，一直被我们传诵和赞扬。后来，每当她遇到什么困难和不顺的事情时，我们就把这段往事"重温"一遍，告诉她："你从小就是一个特别大气、乐观的孩子，任何事情你都能看到好的一面，'没所谓啦'，这是你小时候最爱说的一句话，现在碰到了这么一点小事，当然是——没所谓啦！"我们的赞扬和肯定，实际上，又让女儿这种积极乐观的性格，不断得到了强化。

赞扬和赏识是必不可少的教育方式。我曾在书上看过这样一个故事：1968年，美国心理学家罗森塔尔等人做过一个著名的实验。他们到一所小学，在一至六年级中各选了三个班的儿童，进行煞有介事的"预测未来发展的测验"，然后确定了有"优异发展可能"的学生，并将学生名单通知了老师。其实，这个名单并不是根据测验结果确定的，而只是随机抽取的。它是以"权威性的谎言"在暗示教师，从而调动教师对名单上的学生的某种期待心理。八个月后，他们又对这些孩子再次进行了智能测验，结果发现，名单上的学生的成绩，普遍有了提高。

实践表明：家长和老师对孩子暗示式的期许和肯定，会帮助孩子树立信心，也能让孩子身上良好的品质和特点，得到引导和强化，帮助孩

子扬长避短。

孩子们的差异是很大的，人的性格特点和智力水平也是不一样的。有的人逻辑思维占优势，有的人形象思维占优势；有的人表达能力强，有的人行动能力强；有的人智力过人，但意志薄弱，浅尝辄止；有的人虽然智力平平，但意志顽强，百折不挠。孩子们的特长与爱好也是不同的。有的孩子喜欢唱歌，有的孩子喜欢画画，有的孩子喜欢静，不爱运动，有的孩子却活泼好动，一刻也停不下来。一个学习好的孩子，文体活动不一定突出，一个看上去木讷呆板的孩子，可能正在思考一些别人想不到的问题。任何一个孩子，总有这样那样的长处或潜在的优势，就连残疾儿童，也有自己独到的擅长和喜好。

因此，作为家长，应客观清醒地分析自己孩子的特点，善于发现和挖掘他们的优势，经常鼓励和肯定孩子的长处，让他们充分感受到成长的快乐和成功的喜悦。而对孩子的一些薄弱之处，则拿出"不以成败论英雄"的心态，告诉他（她），只要他（她）付出了努力，敢于尝试，就已经很了不起了。

同时，父母也应该早早告诉孩子：人不可能是常胜将军，更不可能是全能冠军，什么事情都要争"第一"的想法，其实是对自己的一种伤害。人生不是一场比赛，人生就是一种体验，无论经历什么，都是人生的收获。

要知道，孩子对自己的认同和评价，很大程度建立在老师和家长对他们的评价上。而父母的作用又是第一位的。自尊和自信是一个人成长的关键素质。只有让孩子坚信家长和老师都是喜欢他（她）、赞赏他（她）的，这个孩子才会有很强的自信心。

千万不能拿学习好的孩子与那些学习不理想的孩子做比较。千万不能以考试成绩为指标，决定对孩子的态度。只要孩子付出了努力，那他（她）就是一个好孩子。父母不要用那些世俗的标准要求自己的孩子。在这个世界上，会有各种各样的人生角色。成功不是赚多少的钱、获多响

的名，也不是做多大的官。成功就是无论何时何地，我们和我们的孩子都能保持健康、快乐的心态。

教育启示录

1. 幸福是人生的追求，也是教育的宗旨。感受幸福是一种能力，既可以培养，也可以加强。

2. 让孩子在幸福快乐中健康成长，培养孩子乐观积极的心态，用赏识和肯定帮助孩子树立自信心。

3. 告诉孩子：最大的成功就是获取快乐和幸福。

4. 不拿自己的孩子与任何人比较。不以学习成绩的好坏，决定对孩子的态度。一个付出了努力、不断要求进步的孩子，就是一个好孩子。

第六章　平凡的孩子也能创造不平凡的快乐

问题思考

1. 如何修正对孩子过高的期望值？

2. 平凡的孩子如何得到快乐？

3. 为什么要提倡"母不嫌子丑"？

4. 对于大多数普通的孩子来说，"虎妈"的教育方式为什么那么可怕？

每个家长对自己的孩子都抱着很高的期望。没有一个家长不希望自己的孩子健康、聪明、快乐、漂亮、好运、懂事、天才、超凡，长大后能取得耀眼的成就。这本无可厚非，但希望是希望，现实是现实。一个心理健全的家长应该明白，这些对孩子的希望，正如我们自己做的美梦一样，可以尽心尽力地去努力实现，但绝不可以按图索骥、求全责备。

从我女儿的成长经历中，我们也得到过一些教训。

坦白地说，作为家长，谁对自己的孩子没有过期望？在我们家里，我的心态要平和一些，我觉得女儿生下来，健康、快乐就已经足够幸运了。而我的先生一开始很有点"望女成凤"的热望。他总觉得，无论从智力还是从身体来说，我们的遗传基因都是非常不错的，那么，我们的孩子就应该汇集父母之大成，凝聚父母之精华，做个全方位的小天才。

读幼儿园的时候，我的女儿兰兰拜过一位老师，学过一段时间的小提琴。那时候，她爸爸对她就抱有过高的期望。他觉得自己的女儿应该绝顶聪明，学什么都会学得很快、很好。恰恰相反，我女儿在音乐上并无突出的天赋和敏感，也没有多大的热情。开始几次，她还有点好奇，正儿八经地按照老师的要求练习，每天放学回家或者早晨起床后，都会拉上半个多小时的琴。可是，一段时间之后，她觉得练小提琴很枯燥，音准也不好掌握，热度顿减，就开始偷懒耍赖了。

而她爸爸总是在不切合实际的热望中，逼着她拉小提琴。一首枯燥的练习曲只要出现一点差错，就让她重新拉过。这样吹毛求疵、反反复复的，搞得我女儿越发有一种排斥心理了。终于有一天，我女儿彻底对小提琴失去了兴趣，她一点都不想练习了。我先生在失望之下，想通过规定时间的手段，硬性逼迫她练琴（嘿嘿，他还想当"虎爸"呢）。但是，我女儿的性格也是非常倔强的，她坚决不从。

从这一点也进一步验证了，"虎妈"只是幸运而已。她的孩子很听话，很容易向家长妥协，性格又很坚强，能接受批评，天赋也非常不错。

如果碰到一个倔强、不妥协或者性格敏感、脆弱的孩子，或是天赋一般，那么，像"虎妈"那样的"高压"方式，只能逼出个大悲剧。孩子不仅不能取得成就，反而会白白牺牲掉童年的快乐，形成压抑、自卑、胆怯或是叛逆、霸道、暴戾的负面性格，进而给孩子的一生带来不幸。而且，"高压"方式也很容易引起激烈的家庭矛盾，让亲子关系紧张，甚至酿成极端的灾难性事件。所以"虎妈"的方式，只是教育的特例，成功的概率跟摸彩差不多，根本不能提倡和推广，否则，将会给无数的孩子带来心灵创伤，造成无数的家庭悲剧。

好在，我们家的其他大人——我和我父母，都坚决站在孩子的一边，说，孩子不想练习就不练了嘛，这本来就是玩玩的事情，主要是培养孩子对音乐的兴趣，如果把孩子对音乐的喜爱之心也破坏了，那不是得不偿失吗？在我们的一致意见下，女儿就停止了小提琴的学习。

这件事情发生后，我对先生又吹了大量的"枕头风"，我说："女儿只要健康、快乐就很好了，你不能要求她是'神童'，样样事情都出类拔萃，你知道吗，大多数的'神童'也只是在一个方面有特长，其他方面都是'白痴'的，我还是希望女儿能做一个普通的孩子，全面发展。再说，我们俩都没有多少音乐天赋，难道你能指望女儿像莫扎特那样吗？音乐只是爱好、修养的一种，见识见识也就行了。"

先生在我的开导下，终于放弃了对女儿不切合实际的期望和要求，开始以一种平常心看待自己的女儿了。（哈哈，"虎爸"没当成，改做"羊爸"了！）

过了一段时间，我女儿看到有不少小朋友在练习钢琴，这一次，她又动心了。她自己提出要求，让父母给她买钢琴，她要拜师练习钢琴。关于学钢琴一事，女儿小学时曾经写过一篇作文，记录过自己的心路历程，文章的题目是《我的钢琴生涯》：

记得几年前的一天，我对爸爸说："给我买架钢琴吧。"爸爸面带微笑地问："怎么，太阳从西边出来啦？""不行吗？我也想穿着白纱裙在舞台上表演。"我说。几天之后，爸爸果然给我买了一架钢琴，我的钢琴生涯也就开始了。

爸妈给我找的第一个老师姓韩。她四十多岁，北方人，脸上化着很浓的妆，说话的时候，声音极为严厉，脸上又没有表情。我对她产生了一点讨厌的情绪。可是爸爸对我只有一个要求，就是要坚持下去。没办法，只好勉强学下去。韩老师不是专门教钢琴的，她只教我弹曲子，指法、乐理一律不管。我么，也学得懵懵懂懂的。家里来了客人，爸妈让我表演个小节目，我就应付一下，尽量弹简单的曲子。虽然嘴上说喜欢弹钢琴，但心里早已经没有钢琴了。

后来，我的钢琴弹得越来越差，最后连谱子都看错了。有一天，爸爸又带来了一位新老师。原来，爸妈看我弹得不好，就又找了一位老师帮我改正过来。新老师姓孔，个子不高，但一张可爱的充满孩子气的脸，让我一看就喜欢。我先弹了一支曲子，没想到指法全错，曲调听起来也没有生机、死气沉沉的。孔老师耐心地指导我，只要我有米粒大的进步，她也要表扬和鼓励我几分钟。她脸上的笑容像一种无形的力量，推动着我，使我想尽快揭开蒙在钢琴上的面纱。

渐渐地，我学会了用琴声抒发自己的感情。生气的时候，我就用力猛弹，还弹得飞快，弹完一曲，我的气也消了不少；有时，我心情悲伤，弹出来的曲子，自然就低沉、缓慢了，听起来让人有些伤感。不过，这些时候都是很少的，大部分时候，我弹得都不错。

然而，不知是不是因为走了这么一大段弯路，反正我的钢琴水平提高得很慢。终于有一天，我鼓起勇气对爸爸说："我对钢琴

没什么兴趣了，我真的不想学了。"说实话，我说的时候，心里既忐忑，又惭愧。

爸爸妈妈知道我的想法后，并没有责备我。他们认真地商量后，对我说："兴趣是最好的老师，我们不强迫你学。等你什么时候有兴趣的时候，你再学吧。"我松了一口气，为有这样开通的父母而高兴。

我的钢琴生涯曲曲折折。虽然我至今都没能穿着白纱裙在舞台上表演，但让我高兴的是，我的爸爸妈妈从没有给我什么压力。我想，不管是酸、甜、苦、辣，我都会把它记在我自己的"史记"上。

这就是我女儿幼年时期的学琴历史。坦率地说，无论学小提琴还是钢琴，她都没有坚持下来，而是半途而废了。但我对这件事情的看法却很积极。首先，我女儿从小接触了音乐，了解了一些音乐基础知识，增加了一定的音乐修养。由于我们遵从她自己的兴趣，一点都没有强迫她，所以她对音乐始终抱有欢心接受、愉悦欣赏的亲近感，没有抵触排斥的心理。

长大后，她一直保持了对音乐、特别是对外国流行音乐的喜爱，在MP3上存了很多她喜欢的专辑，自己学唱了很多外国歌曲，还在学校的英语节上表演过。她也特别喜欢那些经典音乐，像肖邦、巴赫、莫扎特等人的音乐，她听了一遍又一遍，总能体会到其中的美妙，感觉非常享受。她还十分喜爱观看各种现场音乐会，什么交响乐、民族乐、流行乐，她都欣赏了不少，她的音乐素养让专业音乐教授都称赞不已。

其次，女儿按照自己的兴趣，接触了一下乐器，虽只掌握了一点皮毛，但毕竟对乐器不会陌生，今后在那些会演奏乐器的同学面前，也不会有盲目崇拜和自卑心理。

另外，全家人包括女儿自己，通过这些事情都认同了，女儿在音乐方面没有多少天赋，这就避免了一些天马行空的想法，将来也就没有任

何后悔或抱怨的心态。

通过女儿学琴之事的磨合，我们达成了在培养孩子兴趣爱好方面的"共识"：不管孩子提出什么要求，做家长的都尽量创造条件，满足她的求知心、好奇心，但学多少、学多久、学到什么程度、怎么学，这些完全由孩子的兴趣决定，家长绝不强迫她，但也跟她讲清楚：你自己做出了选择，将来就要为自己的选择负责。

按照概率来说，优秀、卓越这些美好的词汇，在人群中的实现比例肯定是非常有限的。绝大部分孩子，将来长大后，都会是一个普通的人，外貌、智慧、运气、才能、成就，诸多方面都会以平常的面目出现。难道做一个平凡人，就没有幸福可言？就没有值得骄傲的地方？就没有自信的资本了吗？不少家长对这个问题的认识还比较狭隘。

他们可能会将自己没有实现的愿望，寄托在孩子的身上，对他们抱有不切合实际的期待，总是用功利性的标准去要求我们的孩子，希望孩子将来能取得多大多大的成就，如果达不到他们心中的理想，对孩子就有一股失望或怨气，总是抱怨、指责孩子，好像做一个平凡人，是很"失败"的事情。其实，他们不是在培养孩子，而是想通过孩子满足自己的虚荣心，或者想通过孩子改变自己的命运。他们的做法，是对孩子天性的掠夺，是对孩子人生的绑架。

还有的家长，喜欢用一种"投资"的心态对待孩子。比如说，我给你买了钢琴，请了家教，花了多少多少钱，费了多少多少工夫，如果你学学就停了，那不是前功尽弃、浪费"投资"了吗？

他不知道，培养孩子是一个漫长的过程，是日积月累、润物无声、水滴石穿的过程，所有的学习都只是手段，目的只有一个，那就是让我们的孩子生活得更幸福。而幸福，是需要用一生的"硬件""软件"去铺垫的，任何急功近利的想法，都会损坏我们的幸福感。

我非常反感这样的家长。有一则故事是这样说的：父亲训诫不好好

做功课、整日吊儿郎当的儿子。他对儿子吼道："你知道林肯在你这么大时，在做什么吗？"儿子回答说："不知道。"父亲说："人家整天在家里用功学习，而你呢？"于是儿子反问道："我怎么啦？我知道林肯，他在你这么大的时候，已经是总统了。而你呢？"

这样的家长一般喜欢拿一些优秀人才，跟自己的孩子比较。有的以古人、名人为例，有的以身边邻居、同事、熟人的小孩为例。他们的本意是想激励孩子的荣誉心，让孩子以这些优秀人才为榜样，奋起直追，但在我看来，这样的比较和激励，效果往往适得其反，会严重挫伤孩子的自信和尊严。将心比心，如果孩子也拿世界上那些优秀的成功人士，跟自己的父母作比较，要求自己的父母也"奋起直追"，那么做父母的，会是什么心理呢？难道不会受伤吗？

人说，子不嫌母丑，而我以为，对于做家长的人来说，我们更应该提倡的是：母不嫌子丑。是的，我们要不断地告诉孩子：虽然你是个普通的孩子，虽然你有这样那样的缺点，但在父母的心中，你永远是最棒的、最独特的、最不可替代的！无论你犯了怎样的过错，无论你经历了怎样的挫折，父母永远全身心地爱你，无条件地支持你！父母的爱，不是因为你好、你优秀，也不是因为你爱父母，而是因为你是父母的孩子，你就是你！

在这一点上，我和我先生都做得非常好。有时女儿回家说，她们班上谁谁谁怎么怎么厉害了，成绩如何如何好了，自己没有他们聪明了。我们总对她说，你不要跟他们比，你只要跟自己的过去比，只要比过去有进步就行了。我们还告诉她，那些同学虽然成绩优秀，但其他方面不一定都很出色，在父母的眼里，你就是素质最全面的孩子，没有人综合素质能比得过你！

这样的话，我们说得多了，女儿渐渐对自己就树立了信心。因为我们从不拿别的孩子与自己的孩子作比较，又总是鼓励她，所以，我的女儿从小到大，没有过一丝一毫的嫉妒心理。在家里，她总喜欢说别的同

学如何如何好。当我们称赞她时，她又说我们是"敝帚自珍""鼠目寸光"，说别的孩子比她优秀多了。

这实际上是一种真正的自信——敢于承认自己不足的自信。因为，她的自信不需要建立在与别人的比较上，她的自信来自父母无条件的爱，来自她对自己的绝对认同，来自她能坦然面对自己的不足。她知道，无论何时何地，无论遇到什么，她都拥有两个最坚定最恒久的"粉丝"——她的爸爸和妈妈。

是的，不要拿这个世界上的任何人，与自己的孩子比较。这个世界上，会有人像树，有人像花，有人像草，每个人都拥有不同的风景和美丽。但不管是树、是花，还是草，我们都要让自己的生命舒展、清朗、蓬勃、健壮，让生命绽放出属于自己的那一份光彩！

要告诉孩子，我们都是平凡人，有平凡人的苦恼和局限，但我们可以做一个健康快乐的平凡人。对于这个世界上的大多数人来说，最重要的事情，就是要在生活中学会快乐地接受平凡、享受平凡。别人有成就，我们可以祝福他、学习他、借鉴他，但我们不必去羡慕他、眼红他，因为我们根本不知道他人的内心和生活。

难道成功就代表了幸福？难道光环就代表了优秀？实际上，很多所谓的成功人士，他们的生活恰恰是苦不堪言的，他们付出的代价也是惨痛巨大的。他们就像水里的鱼，虽然在哭泣，你却无法看见他们的眼泪。

真正的成功是什么呢？我以为，是我们和我们的孩子，无论在什么时候，都能保持健康快乐的心态，不为浮云遮望眼，海阔天空任翱翔。

当然，这种境界并不是轻易能够达到的。平凡不等于平庸。一个甘于平庸的人，他的生活浑浑噩噩、随波逐流，他的生命就像霜打的叶子，无精打采，毫无光华。所以，我从不排斥努力，从不排斥梦想，从不排斥追求，从不排斥超越平凡的进取。朝着自己的目标，追求自己的理想，不断地学习、奋进、完善，不断地修炼、积累、提升，这是让生命焕发

光彩的必由之路。

我经常对女儿说：这个世界上，不可能样样如意，但可以事事尽力。不可能总是优秀，但可以总是努力。

教育启示录

1. 大多数孩子都不是天才，要接受孩子的平凡，不要拔苗助长。告诉孩子：实际上，每个人都有平凡的一面，要学会在平凡中保持自信，乐观向上，努力进步，做一个健康快乐的平凡人。

2. 让孩子自由选择自己的兴趣爱好。学什么、怎么学、学多久，都由孩子自主选择。在这一点上，绝不做"虎妈""狼爸"，不强迫，不压制。

3. 母不嫌子丑。不拿任何人与自己的孩子做比较。一个人，只跟自己的过去相比。

4. 对于这个世界上的大多数人来说，最重要的事情，就是要在生活中学会快乐地接受平凡、享受平凡。

5. 平凡不等于平庸，所以一个人要大胆追求梦想，不断努力进取，让生命焕发出光彩。

第七章　所有的错都是父母的错

问题思考

1. 为什么将未成年的孩子身上所有的毛病都归结于父母？

2. 如何理解"孩子没有错，所有的错都是父母的错"？

3. "坏孩子"的"坏"是怎么来的？又该如何纠正？

4. 父母在教育孩子的时候，是不是也该教育自己？

5. 为什么说"身教大于言教"？

记得我女儿五六岁的时候，有一次，她爸爸带她去听一场高雅的交响音乐会。女儿当然欣赏不了那种"重量级"的音乐，她按照爸爸的要求，在那种庄严肃穆的气氛中，百无聊赖地坐了半个钟头，实在忍不住了，就在椅子上蹦来蹦去地玩起来，弄出了声响，也引来了周围人责怪的白眼。她爸爸小声批评了她多次，但孩子的天性就是爱玩，没一会儿，她又在椅子上坐不住了。她爸爸只得提前离场，将她带回家。一路上，他都很生气，批评女儿太不听话，不守纪律，影响了别人欣赏音乐。女儿委屈地哭了。

这件事发生后，我没有批评女儿，反而责怪她爸爸，不该带她去听这种小孩子不喜欢的音乐会。她爸爸说，当初也是她吵着要去听的。我说，孩子那么小，她哪里懂得什么交响音乐会？当初，她不过是抱着好奇和凑热闹的心态，想去玩玩的。真到了那种场合，要她规规矩矩、毫无声响地坐几个钟头，她怎么坐得住呢？好动好玩，是孩子的天性，这种事情，大人应该事先有预见、把握好的。出了问题，肯定是大人的问题。

这么一说，我先生意识到了，这次半途而废、不欢而散的音乐会，错误的根源还是在于大人。在于大人不懂得孩子的心理特点，在于大人事先没有做出正确的判断，事后不能心平气和地接受遗憾的结果。

这以后，又发生了一些家庭琐事，我们越来越感到：每当家长和孩子发生矛盾的时候，其实错误的都是家长。是家长对孩子有过高的希望，是家长不了解孩子的心理，是家长的教育方式引起了孩子的反感、造成了孩子的叛逆，是家长事先没有预见力、没有考虑周全，或者是家长不能乐观、理智地接受不完美的结果。

可以这样说，在孩子小时候，孩子所犯的一切的错，都是父母的错。

自此，我先生接受了这样的观点，他在不同的场合，总以自己为例，到处跟人宣讲。只要看到有打孩子、骂孩子的家长，不管认识不认识的，他都要走上去，将大人教育一番，说明"孩子没有错，错的是大人"的

道理。开始，大多数家长都不能同意这样的观点，可是把事情摊开来一分析，这些正在责备孩子的家长不得不承认，大多数情况下，孩子犯的错，都是家长事先没有考虑周全、交代明白的。孩子的天性就是爱动爱玩、充满好奇，对于他（她）的破坏力，家长要有防范的预见和保障的措施。

你见过抱在母亲臂腕中天真无邪的婴儿吗？你见过躺在婴儿车里像小弥勒一样的幼童吗？你见过他们一尘不染的眼睛吗？你见过他们纯真可爱的笑容吗？是的，如果你用心地看过、欣赏过，你就会明白，每个刚刚来到人世的孩子，他们就是上帝的使者，是人间的小佛。他们有真正的平等、无心、纯洁和质朴。可是，为什么随着年龄的增长，他们的眼睛会蒙上越来越重的迷惑阴影？他们的脸上会带着越来越多的复杂表情？

是污染，是伤害，是改造，是忽视。其中最多的，就是来自父母耳濡目染的影响。

孩子是一张白纸。父母是执着他（她）的手、教他（她）绘画的最初的老师。那图画上一笔一画的印痕，实际上都是父母给他（她）留下的。在孩子未成年时，一切的错都可以归结于父母。

很多心理学著作都把人的悲剧根源追寻到他（她）的原生家庭上。无论是性格的形成，还是对社会的基本认知和看法，抑或心灵里最隐秘的伤痛、行为中最难解读的密码，都被心理学家归结到一个人的出身和幼年他（她）与父母的最初关系上。广义上似乎可以得出这样的结论：原生家庭是一个人所有悲剧和创痛的根源。而作为中国人，我们对家庭的依赖和负载、家庭对我们的影响和改造，恐怕又来得格外严重。

很多儿女年少时，对父母的某些言行深恶痛绝，可是等他们成年后，他们很无奈地发现，自己居然成了父母的又一次轮回，种种令他们曾经深恶痛绝的言行，又回到了自己的身上。这就是"近朱者赤，近墨者黑"

的原因。父母是孩子人生路上最重要的老师，所有孩子身上出现的问题，实际上都是父母的问题。

父母的恶习，让孩子逐渐沾染；父母的伤害，让孩子没有安全感；父母的忽视，让孩子备感孤独；父母的自私计较，让孩子心胸狭窄；父母的懦弱无能，让孩子深感自卑屈辱；父母的粗暴蛮横，让孩子学会了欺骗隐藏。孩子身上的每一个缺点，实际上都是父母给他带来的。问题孩子的背后，肯定都有一对问题父母。

当然，在生活中，我们会看到一些孩子有极端的个性、顽劣的恶习，甚至对错误屡教不改、无动于衷。通常，他们被看做"坏孩子"。要知道，冰冻三尺，非一日之寒。这些"坏孩子"的"坏"，实际上，都是他们的父母在教育时长期犯下的错误、逐步结下的恶果。"坏孩子"身上的"坏"，就是他们家庭教育的"坏"的集大成。一个在家庭里感觉不到温暖、尊重、信任、关爱的孩子，一个总是被父母忽视、责怪、压制或打击的孩子，一个在伤害中或者是在溺爱中长大的孩子，他怎么能成为一个个性阳光、积极向上、友善合作的好孩子呢？

长期以来，我发现这些"坏孩子"的家长，不少都是生活中不太如意的人。也许他们自己就成长在一个没有爱或不懂得爱的家庭里，受到了家庭的伤害，有创伤记忆或扭曲性格。等他们自己做了父母之后，他们会将内心的创伤，以种种方式，投射到孩子身上。他们或将自己未实现的理想，寄托在孩子身上，对孩子要求过高；或以牺牲姿态，上演苦情戏，让孩子对爱产生无尽的亏欠感和压力；或将自己的意愿强加在孩子身上，不给他选择的自由；更有将孩子当成自己的私有财产者，对其进行不尊重、不平等的人格剥夺。

当然，也有一些家长，自己小时候受到了父母的伤害，有太多的伤痕和匮乏，所以他们一心要在孩子身上找到补偿，于是，他们对孩子无限地迁就、溺爱，一味地满足、纵容。这实际上不是在培养孩子，而是在满足自己。

上述这些家长往往都会以"爱孩子"的面目出现,他们总觉得自己的出发点是为孩子好的。所以,一切的伤害和侵犯,都显得理直气壮;一切的自私和虚伪,都掩盖得冠冕堂皇。

我承认,在所有的家庭矛盾中,父母和孩子都是受害者,他们的内心都有深深的伤痛。所有的伤人者,其实都是可怜的爱的缺失者。恩与怨、哀与怒,从来都是纠缠不清的。

但是,问题既然出现了,我们做家长的,就应该拿出勇气,自我解剖,从自己做起,从一点一滴的小事做起,学会尊重孩子、信任孩子、鼓励孩子,用无私、真诚的爱,去温暖孩子的心。先心平气和地接受遗憾的现实,然后再慢慢纠正孩子的恶习,将孩子朝理想的方向逐步引导。

"病来如山倒,病去如抽丝",要将一个"坏孩子"改变过来,是需要极大的耐心和长期不懈的努力的。不要期望奇迹发生,但也要相信,这个世界上,没有改变不了的人或事。

孩子的模仿力和学习能力都是非常强的。所以,父母的行为在很大程度上,会左右孩子将来成长为一个什么样的人。

有性格阳光的父母,子女一般也会开朗;有事业成功的父母,儿女更可能会有信心、有梦想。相反,如果父母脾气粗暴,经常打骂孩子,那孩子就可能学会以相同的方式去对待他人;如果父母经常挑剔彼此的行为,孩子长大后,也可能会成为一个喜欢挑剔别人的人。不仅如此,若父母的言行能令孩子骄傲,那么孩子在模仿父母行为的同时,还会从中获得安全感和自豪感;但如果孩子随着年龄的增长,逐渐感受到父母的行为令人生厌,那么父母在孩子心目中的地位就要大打折扣了。

要想孩子成为某种人,做家长的自己先要做出表率。

对孩子提出的要求,实际上,也就是对家长提出的要求。

也就是说,你要求孩子做到的,你自己先要做到;你要求孩子成为什么样的人,你自己首先就必须成为什么样的人。

父母的学习兴趣，在一定程度上，也会影响到孩子的学习兴趣。孩子成长在一种充满学习气氛的环境中，很容易萌发一种自发学习的需求，从而形成一种勤奋好学的良好习惯。因此，为了培养孩子的学习兴趣，家长应率先热爱学习，形成家风，以自己的言行熏陶子女。有调查表明，家长如果经常约些朋友在家里打牌、闲聊，或者外出应酬等等，在这类家庭里长大的孩子，一般是很难搞好学习的。

孩子们一般都希望自己的父母有文化、有教养、乐观上进、作风民主、关系和谐。很难想象，一个从不读书、业余时间都是在麻将桌上"鏖战"的父母，他们的孩子能喜欢读书；一个满嘴脏话、举止粗暴、斤斤计较、唯利是图的家庭，他们的孩子能成为一个有教养、有礼貌、懂谦让的人。相反，如果父母都能在生活中不断地反省自身，改进自己的缺点，热爱学习，充满爱心，知书达理，诚实守信，那么，他们的孩子，想变坏都很难。

还有一些父母喜欢将一切亲子矛盾都归于"代沟"问题，总觉得是孩子大了，翅膀硬了，不听管教了，没办法交流了，而从不愿意反省自身。其实，根本原因还在于这些父母平时不注意自己的学习与积累，自己的知识储备和分析判断水平已经不如孩子了，在孩子心目中已不再占有权威地位了，可他们仍然要行使家长的权威，这样就会导致孩子的反抗心理：要么明着对抗，你说什么他就反驳你什么，无法沟通；要么你说什么他都听着，表面上不说，实际上我行我素，父母什么也插不上手。

因此，要想跨越"代沟"，做父母的必须不断更新思想观念、更新知识储备，跟得上时代前进的步伐，更重要的是，用自己的行动做榜样，让身教大于言教。

有一次，我女儿在坐公共汽车时，碰到了一幕场景。一个年轻的妈妈，带着一个三四岁大的男孩，当时车厢里人很多，他们母子俩大概上车早，每人都占了一个座位。这时，一位满头白发的老奶奶上车了，就

站在他们身边，手高举着，很艰难地抓着汽车上的扶手。旁边的人都盯着这对母子。那个年轻的母亲，就让男孩起身，坐到自己身边来，给老奶奶让个座。那个男孩不愿意，她就耐心地启发孩子："你看看，老奶奶的年纪大了，站着多累啊，你要做个有礼貌有爱心的好孩子，给奶奶让座啊——"她一路做男孩的思想工作，直到我女儿下车了，也没给那个老奶奶让出一个座位来。

我女儿很气愤，一下车就给我打了个电话，把这件事情告诉了我。她说："那个妈妈真自私，嘴上说得那么好听，要孩子懂礼貌、有爱心什么的，说了那么半天，实际上很简单嘛，她自己站起来，给那个老奶奶让个座，事情不就解决了？也给孩子树立了一个榜样啊！"

我非常认同她的观点。在现实生活中，不少家长都像这个年轻的妈妈一样，将一套一套的道理，拿出来要求孩子，可是自己却置身事外，依然故我。这怎么能教育好孩子呢？身教大于言教，孩子的眼睛都是雪亮的。如果父母说一套做一套，孩子自小就跟着家长，沾染上了虚伪、自私这些人性的弱点，要他长大后成为一个优秀的孩子，谈何容易呢？

都说性格决定命运，那么，什么东西决定性格呢？是习惯。而习惯又是由每时每刻的言行造成的。所以，要想养成孩子的好习惯，我们做家长的，就要带头严格要求自己，在每时每刻的言行中，给孩子做出榜样来。我非常认同列宁夫人克鲁普斯卡娅说过的一句话："家庭教育对父母来说，首先是自我教育。"

很多人在生活中，总是不断地抱怨现在的社会风气日下，人人都自私自利、冷漠无情、急功近利。他忘记了，自己也是社会的一个成员，对社会有一份不可推卸的责任。

有一句话是这样说的："你所站立的那个地方，正是你的中国。你怎么样，中国便怎么样。你是什么，中国便是什么。你有光明，中国便不黑暗。"我觉得这句话说得非常经典。我也希望所有正在抱怨子女的家长，都记住这句话，从自己身上找找原因，想一想：孩子的错，是不是

正是我的错？孩子的缺点，是不是正是我的缺点？孩子的恶习，是不是正是从我身上沾染的？

　　因为，对于做父母的人来说，真的是：你有光明，孩子就不会黑暗。

教育启示录

　　1. 孩子的错误不是从家长身上学到的，就是因为事先没有得到家长正确的引导和教育，所以，孩子的错，实际上都是父母的错。

　　2. 身教大于言教。家长要求孩子做到的，家长自己先要做到；要求孩子成为什么样的人，自己首先就必须成为什么样的人。

　　3. 家庭教育，不光是教育孩子，更是教育父母，应该提倡：从家长做起，给孩子树立榜样。

第八章 人生无处不是课堂

问题思考

1. 如何看待课堂外的学习?

2. 实践活动和动手能力为什么那么重要?

3. 如果孩子的兴趣爱好都是"非主流"的,怎么办?

4. 如何让孩子的业余爱好结出丰硕成果?

说实话，我女儿兰兰从来都不是一个对书本知识特别感兴趣的孩子。对功课，她向来都只是按部就班的：上课听讲，回家后完成作业，没有上过任何一个与功课有关的培训班，也从未超前学习过任何一门课程。相反，她对课外知识，特别是需要动手的一些实践活动，特别感兴趣。比如，做手工、剪纸、画画、弄手抄报、玩滑板、种花、养鱼、玩魔术、旅游、看课外书、参加公益活动等等，对这些在别人看来"不务正业"的事情，她都有很大的热情。而我们不仅不打击她的热情，相反，经常陪伴她，和她一起参加这些活动。

她上幼儿园的时候，喜欢画画，在纸上涂鸦。而我们家的人，没有谁在这方面有特别的专长，所以不能给她更多的指点，只能买来一些漫画、绘画书籍，让她自己看、自己模仿。

那时，很流行一种绘画方式：有趣的漫画配上哲理短句，简洁、明快、隽永。她对那些线条简单而寓意深刻的哲理漫画，特别感兴趣。小小年纪，居然也模仿起这样的形式，创作了不少类似形式的漫画作品，记录下她对这个世界最初的认识和思考。所有的文字与图画，全部出自她一个人的想象与创作。

比如在一幅图上，她画了太阳、月亮、星星、地球，地球上还画了一个小人，这幅画的题目是：《相对论》，底下配的文字是：世上的一切都是相对的。在另一幅画上，她画了一间漂亮的房子，房子外，有个人在花园里浇水，房子内，有个人在睡大觉。这幅画的题目是：《快乐》，旁边配的文字是：劳动是最快乐的事情。诸如此类的哲理漫画她还创作了不少，小小年龄就透出了一份对真理的探求热情，还有难能可贵的创新思维。可惜，由于搬家，这些漫画习作现在都无法找到了。

小时候，每逢母亲节、家人的生日，她都会自己动手，买来一些卡片、彩纸，为我们制作各种别致的贺卡，写上温馨的祝福。稍大一点，她还会到小商铺，买来一些五颜六色的塑料珠、水晶珠之类的原材料，自己动手做项链、手链。再大一点，她将一条毛巾裁裁剪剪，缝上扣子，

改成浴帽，也曾买过毛线，织过一条漂亮的围巾。她还喜欢自己贴贴弄弄，装订出一些有个性的小笔记本。

老实说，我是一个特别手笨的母亲，别说做手工了，就连辫子都扎不好。而我的女儿似乎无师自通，对这些充满了女孩子气的爱好，乐此不疲，兴味盎然。在这方面，我虽然不能给她指点，但我从没有因为这些爱好耽误了她的学习时间，而阻止过她、批评过她。相反，我觉得，一个心灵手巧的女孩子，将来长大后，一定能发现更多的生活情趣，享受更多的人生快乐，生活会更有幸福感，所以，对女儿做的各种"手工产品"，无论是精致还是粗糙，我都给予热情的鼓励和由衷的赞叹。

我女儿还特别喜欢动植物，喜欢养花养小动物。她曾喂养过两只流浪猫，喂养过金鱼和巴西龟。那只可爱的巴西龟在我家待了好多年，从一只月饼大的小小龟，长到了半只脸盆那么大。后来，我们看到一篇报道，说小动物也会因为寂寞而患抑郁症，我们怕它寂寞，就特意考察了一些公园，将那只龟放生到一个环境优美、有专人饲养的龟池里，让它和它的同伴们在一起愉快地生活。那天，女儿流了很多依依不舍的眼泪。她对所有的小生命，无论贵贱，都有一种发自内心的怜爱和亲近，好似她与它们天生就是好朋友一样。

初二时，学校在寒假前夕，给每个同学都准备了郁金香的种子，希望同学们在规定的时间里种出郁金香来，以参加一次全市组织的大型花展。很多同学对这种功课之外的事情都不太热情，不少人领了种子后，草草应付了事；也有一些同学，开始几天还有新鲜感，尚能细心栽培，后来就不了了之了。而我女儿一向喜欢这些课堂外的业余活动，加上她对生物又很感兴趣，喜欢种花种草，所以从始至终，都能一丝不苟、全力以赴。经过一段曲折的栽培体验，她终于培育出了三盆盛开的郁金香。

为此，她还有了一个意外的收获。她把这段亲身经历写成了一篇作文，题目是《希望的郁金香开了》，参加了一次主题为"我的经典故事"的全国性中学生作文竞赛，居然获得了一等奖，不仅得到了奖状，还得

到了几十本优秀书籍的奖励。这让她开心了好久。

我将这篇获奖作文实录如下，从中可以看出她栽培郁金香的全部心路历程：

一个偶然的机会，我得到了三粒郁金香的种子。

广州市将在春节前夕举办一次大型的郁金香花展。其中有一项活动，便是统一向中小学生免费发放一批郁金香的种子，让同学们在规定的时间里种出郁金香来，然后再将郁金香交回给主办方，参加花展。

我从小就热爱动植物，喜欢摆弄花草。于是我兴致勃勃地从学校领回了三粒种子，当天就种了下去。这是我第一次尝试从种子开始种花，家里原来的那些花都是别人的成果，我只需料理一下即可。不过现在，我第一次要尝试的是郁金香，娇贵的观赏植物，心里真的很没谱。

第一天，我跟着学校的园丁，把三粒种子分别种在三只小小的花盆里，还小心翼翼地为它们浇上了生命中的第一次水。我弄得满头大汗，双手沾满了泥巴。看着湿漉漉的土壤，我很认真地对着天空许愿，希望它们能快一点长大。

我每天两次去学校的植物园看望它们，浇水，整理土壤。在种下去的第三天，天气突然变坏，下起雨来。我担心极了，早上六点多起床，马上跑到植物园里，去拯救我的郁金香。为了不让它们再次受到大雨的侵扰，我冒着被老师批评的危险，自作主张地将它们带到教室里。是啊，才三天的时间，它们才刚刚长出两厘米的小芽，真的不知道会不会夭折呢。到了下午，我竟然发现郁金香的白色根块发霉了。青色的霉斑很讨厌地贴在小芽旁边。我心想，这下子，郁金香肯定活不了了，都怪我粗心大意，没照顾好它们。

虽然心里这么担忧着，但我在行动上却一点也没有放弃，依然是每天浇两次水，还用土把发霉的根紧紧压住——到底存在着一丝希望啊。我的郁金香宝宝也似乎真的不怕霉菌，它们长得非常快，一天能长一厘米多。

这一次霉菌的打击，郁金香算是很顺利地挺过去了，它们一天一天茁壮成长。我也变得很有信心，相信郁金香既然大难不死，那就必有后福了。我每天有规律地浇水。郁金香的根须已经从花盆底部的小孔中伸出来，越伸越长了。我想：该是换盆的时候了。

我把郁金香带回家来，分别移栽到三只大花盆里。为了不破坏它们的根须，我把原来的小花盆剪开，连根带土放入大花盆里。这样一来，郁金香就可以无忧无虑地生长，吸收更多的养分，早一点开花了。

之后的两个星期，郁金香都在飞快地长大、长高，已经有二十厘米了，叶子一片一片地抽出、打开，绿油油的，生机勃勃的样子，但是怎么也看不出要开花的迹象。我拨开叶子往里瞧，看到的却是更小的叶片。叶子长得再多又有什么用呢？不开花就没有欣赏价值了。

我焦急起来，往花盆里施了两次肥。又过了一个星期，还是没有开花，甚至连花苞也没有。我变得沮丧起来，看上去这三盆郁金香是怎么也开不了花的，我前面的努力恐怕都白费了。我先是怀疑自己的能力，后来又猜想，种子既然是免费的，那就肯定不是好种子。最后，连家里的人都来劝我，说，就当它们是绿色植物吧，这么健壮，也很好看啊。虽然，我每天还是认真浇水，但心里已经不抱任何希望，认为它们是再也开不了花了。

但是，令人惊讶的事情发生了。在一次浇水时，我意外地发现，有两棵郁金香一夜之间都冒出了花苞！虽然花苞还是绿色的，只有尖上一点红。我兴奋极了，立即又给它们添加了一点花肥。

真是奇迹啊！我甚至有些不敢相信自己的眼睛，盯着它们，看了又看。我曾经失去了所有的希望，但是现在它们全回来了。

怀着抑制不住的兴奋之情，我增加了照顾它们的时间，更细心地看护它们。夜晚，天气有些寒冷，我把花盆一一搬进房间里。白天，我又把它们端到阳台上。中午，太阳照射过来的时候，我就把花盆小心地移到阳光下。在我的精心照料下，只用了两天时间，我可爱的郁金香就真的开花了。

它是十分艳丽的花，一棵只在顶部盛开着一朵，显得那么骄傲。整体来看，它是大红色的，可花瓣的边缘又是白色的，从红到白有一个渐变过程，十分高贵优雅，仿佛一位亭亭玉立的欧洲贵妇。红，红得娇艳；白，白得纯正。在绿叶的映衬下，真是光彩夺目。

我终于明白，在此之前，为什么它长得那么大也不开花。原来它需要一段长时间的酝酿过程。它开的花，是最美丽的。

我想，作为一个新手，我第一次就能种出这么美丽的花，可以算是成功了。但是，这三棵郁金香中，还有一棵没有开花，长得也比其他两株要矮一点。我想做到十全十美，还需要帮它开花。

或许，它是比它的同类差一些，但我依然相信它也能开花。我要做的就是给它多浇水、多施肥，让它经常晒太阳。一天，两天，直到前两棵郁金香开花后的第四天，它终于也孕育出属于自己的花苞。

同样，它也开出了一样美丽的花朵。

郁金香在我的眼前静静地绽放着。看着它们，一种成就感油然而生。第一次的种植终于圆满成功了。回想自己几次失望又重获希望的过程，我从郁金香的成长中悟出了很多。

时光流逝，记忆留痕，每个人都会在岁月中拥有自己的经典，而对我来说，种植郁金香的这个经历就是我不可多得的经典。我

的付出，换回了令人惊喜的美丽，而更重要的是，我知道了：希望，即使在看起来没有希望的时候，也是永远存在的。只要我有信心，坚持不懈地去做，就一定能迎来属于自己生命的花朵。

是的，正如她文中记录的那样，这些与功课无关的事情，确实占据过她很多的业余时间，但也给她带来了很多预想不到的收获。我们家的大人，业余时间除了看看书、上上网、散散步，都没有什么特别的嗜好。孩子的爸爸不抽烟、不喝酒、不打牌，我也不喜欢逛街、应酬，我们的生活非常规律。但我们总对女儿说：一个人，除了工作学习之外，一定要懂得生活情趣，尽量让自己的生活丰富多彩。

只要有好电影，我们一般都会去电影院看一看。我女儿也跟着我们看了不少电影。在这个网络、碟片、电视、视频风行的时代，去电影院看电影的人，可真不太多。但我们碰上一些大片、好片，依然是一家三口坐到电影院里去看，这也算是一种轻松愉快的家庭聚会了。

女儿除了上网查资料或者通过电子邮件发作业给老师外，平时很少上网。她没有QQ号，不会网聊，不会在网上打游戏，因此，他们班上的一些同学，拿她开玩笑时，就说她"捞"（广州话，意为土）。但她依然我行我素。因为从小我们就告诉她：不要随波逐流，不要害怕与众不同，如果觉得自己做得正确的话，不管别人怎么说，都要坚持自我。潮流是最短命的东西，你不要跟随潮流，你可以引领潮流。

我女儿爱好广泛，能文能武，动静相宜，跳舞、长跑、网球、唱歌、舞剑、旅游、魔术、手工等等文娱与体育方面的活动，都是她的钟爱。她曾写过两篇日记，讲述自己练滑板和学剑的经历。日记是这样写的：

（一）

昨天回到家里，爸爸告诉我，他买好滑板了。

很小的时候，就看到一些大哥哥们玩滑板的样子，好帅噢，

看他们的身影在空气中滑过，我就很想上去试一试。现在，我终于如愿以偿了。

戴上护膝、护肘、头盔，我是全副武装的样子。妈妈总是觉得不安全，很紧张地站在旁边。虽然爸爸会溜旱冰，但我们家没有人玩过滑板。我凭着自己的记忆，踩上滑板，它好像不听我的使唤，一下子冲到前面，吓得我赶紧跳下来。第一次就这么不成功，可是我没有泄气，连续十几次的尝试后，它终于可以在我的控制之下，慢慢地滑行起来。爸爸建议我们去江边滑一滑，那儿没有车，于是我们去了江边。

我慢慢地滑着，却不知道掌握方向，只好滑几步就停下来，把滑板摆正，再踩上去滑。就在这时，一位大救星出现了。

一位陌生的哥哥一直都跟在旁边看我滑。我问他："你会滑吗？"他点点头。我高兴极了，问他："可以教我滑吗？"他便踩上滑板玩给我看。他只是教我最简单的转弯和刹车，但是在我看来都是危险性的动作。好悬哪！他连续演示了好多遍，让我模仿。我先扶着爸爸练转弯，那位大哥哥在一旁指导我："左脚再往后一点，右脚横过来，左脚踩下去，右脚点一下。"

我照着他的指示，慢慢地做了一遍，嗯，真的很不错噢。我先练转左，再练转右，进步得很快。于是我开始练刹车。刹车有两种办法：一种是后脚用力踩到底，一种是180度的大转弯。我做第一种，可惜，没有站稳，一下子坐到地上。啊，好痛噢！我咬紧牙关，站起来，继续练起来。扶着爸爸练是很适宜的，我很快就可以在路上大摇大摆地滑起来了。

（二）

从上个星期开始，我就跟着蔡老师练剑了。这"剑"并非外国人击剑时用的那种剑，而是中国古代的一种冷兵器。

在我眼中，武侠小说中的任何一个打斗的场面都像神话一样，是根本不可能实现的。而当我握住剑柄的那一刻起，这个根深蒂固的观念动摇了。我想，也许，我也可以做得跟那些武林高手一样好。

蔡老师虽然好久都没有练剑了，但是舞起来却十分纯熟，一看就知道是功夫出身的行家里手。笨重的长剑在她手里，顿时变得乖巧，如行云流水，看得人眼花缭乱。每招每式又寒气逼人，柔中带刚。

我惊讶得嘴都合不拢了。剑到了我的手上就有些不听使唤，有几次还险些刺伤自己。唉，我有些灰心丧气，但还是带着一丝对剑的敬畏、好奇和向往的心情，重新拾起剑，继续练习起来。

练了几次，我的动作比先前熟练多了，也好看了，一招一式也有了模样。眼神随剑，口中默念：云剑，刺剑，挑剑……

我愈来愈熟悉剑的习性了。

我曾经做过一个梦。在梦里我是一位身怀绝技的剑客。在竹林里，我练着剑，竹叶飘落在我的脚下。我越练越快，竹叶也随着我的剑尖越落越多。最终，我停剑了，地上的落叶也静下来，它们组成了一句话：

剑在我手，唯我独尊。

梦醒了。我才发现，实际上，我的剑客之旅才刚刚开始呢。

升上高中后，我女儿觉得只学课本上的知识太狭窄了，她就根据自己的兴趣爱好，选学了很多选修课。比如：模拟联合国、JA经济学、电影赏析等等。这些课程跟高考完全没有关系，但是她喜欢，我们也支持她。

特别是在高中功课任务那么繁重的情况下，她依然参加了学校德语班的学习，一直坚持了三个学期，是当时德语班学习时间最长、表现也

最突出的一位。在毕业典礼上，她和几个同学用德语表演了一个小话剧《小红帽》。她为了演好主角"小红帽"，把台词录到MP3上反复听，直到熟练背出，又和同学们自编自导，穿插了一些"搞笑"的情节表演，赢得了老师和同学们的阵阵掌声。

刘谦的魔术在中央电视台的春节晚会上火起来之后，我女儿又对神奇的魔术产生了浓厚的兴趣。她自己买来《魔术揭秘》之类的书，独自琢磨，又让我们给她请老师，她想拜师求艺。幸运的是，她爸爸单位正好有个同事，从前是国家一级魔术师，我们就拜托她教女儿几手"绝活"。虽然是业余爱好，但女儿自拜师之后，学得也毫不含糊，经常一个人躲在浴室里偷偷练习，不让我们发现。按她的话说，魔术只能是一传一的，就算最亲密的家人，也不能泄密，这是"行规"，必须严格遵守。

由于女儿的师父是专业出身，她自己又学得认真，所以，女儿的魔术表演，非常像模像样。2011年暑假，女儿经过选拔，赴上海参加了哈佛中美学生领袖峰会。在联欢晚会上，她表演的几个魔术节目，让这些来自全国各地的优秀中学生颇感惊艳，给大家留下了美好难忘的印象。

其实，学习魔术，掌握技巧，只是一个单纯的爱好而已，我并不想孩子将来成为什么魔术大师，或有什么表演特长。其实我更看重的是，她在学习过程中锻炼了表达能力、与人沟通的能力、社交才能、登台表演时大胆良好的心理素质等等。这些宝贵的才能在书本和课堂上，是无法学到的。

另外，我女儿还有一个别致的爱好——烹饪。像她这么大的孩子，很多人连下面条、煮白水鸡蛋都不会，更有人生活自理能力差到连熟鸡蛋都不会剥壳。而我们很早就告诉孩子：生活能力是一项很重要的能力，它关乎到一个人的生活质量和生活情趣。衣、食、住、行，样样都有名堂，有品位的高低。我们不希望她成为一个只会读书、不懂生活的人。

女儿在我们的引导下，自小就对家务小事、做菜做饭感兴趣。只是

她平时要住校，锻炼机会不多，没有时间亲自下厨。放假的时候，她就会主动帮助家人做家务，拖地、洗碗、收拾房间，还能别出心裁地贡献出几道"拿手菜"——罗宋汤、三文治、冻鱼。她的手艺让我们赞叹不已，却搞不清楚她是在什么时间、什么地方学的。问她，她就会得意地说："我没学呀，这就是天赋！"在烹饪技术上，她果真有小小的天赋，往往到饭店里吃上几道好菜，回家就能因陋就简地"克隆"一下。

如果从"功利"上说，女儿的这些爱好都不属"主流"，还占据了她不少的学习时间，但我却非常看重她的这些实践活动。实际上，这种种方面的学习，我觉得与功课相比，一点都不逊色。这些课堂外的知识、技能、爱好，丰富了修养，开阔了视野，锻炼了品质，也培养了合作精神和生活情趣。而这些收获，在一个人的生命中，其实有更为重要的意义。

记得，有一次，我们一家和另外一个朋友家聚餐。朋友也有一个和兰兰年龄相仿的女孩。在吃饭的时候，我们很随意地聊起了女儿平时喜欢做的这些事情、正在尝试的一些业余爱好。没想到，那个差不多年龄的女孩听后，不住地对兰兰感叹："和你比起来，我真是白活了！"她的话也让我们大吃一惊。

后来，我们又了解了一些别的家庭。我才知道，现在大多数孩子，日常生活都十分单调、枯燥，除了读书、学习，最多就是一些功利性的、需要考试晋级的特长培养，没有太多轻松活泼又有趣开心的业余生活。小小年纪就像蔫掉的小草一样，看不出生机和活力，对未来和生活也没有多少梦想和激情。这是非常悲哀的一件事情。

让生命绽放的养分是多种多样的。这个世界上的每一处地方，都可以成为孩子们的课堂，也可以变成孩子们的乐园。

1. 对孩子来说，课堂外的学习、实践活动非常重要，要鼓励孩子的这些业余爱好，让孩子们的生活丰富多彩。

2. 除了课本，一个人可以学习的地方还有很多，人生无处不是课堂，无处不是收获。

3. 生活能力是一项很重要的能力，它关乎到一个人的生活质量和生活情趣。要从小培养孩子的生活自理能力。

第九章 与应试教育"周旋"

问题思考

1. 在应试教育体制里，如何减轻孩子的学业负担？

2. 与应试教育"周旋"的时候，有哪些技巧？

3. 怎样正确看待孩子的学习成绩？

4. 父母怎样摆脱攀比、焦虑之心？

5. 教育应如何因材施教？如何因人而异？

现在很多家长都有这样的困惑：明明知道孩子的负担太重，功课太多，想给孩子松松绑，但看到别人的孩子周末都在参加各种培训班，学习抓得那么紧，又担心自己的孩子竞争不过他人，在小学、中学、大学的升学考试中，落后下来，从而一失足成千古恨，把孩子一生的前途给耽误掉了。所以，他们会在一种矛盾、焦虑和攀比的心态中，也给孩子报上各种班，不断地给孩子加压。

实际上，已经有越来越多的老师和家长，看出了应试教育对孩子的戕害，对这种教育体制都非常反感，但由于现实社会中，教育资源严重分配不均，优秀资源非常短缺，学校的"马太效应"导致强者越强、弱者越弱，知名的小学、中学、大学的门槛越设越高，所以大家又不得不加进这种严酷的竞争。说白了，只要现行的高考制度存在一天，应试教育的模式都不会得到根本改变，反而有一种愈演愈烈的态势。这不是哪个人、哪个部门能解决的问题，也不是短时间能转变的局面。

更为诡异的是，在很多地方强调素质教育后，孩子的负担不但没有减轻，反而是加重了。这是因为，一方面，应试教育的那套学习任务，不会因为素质教育的强调而取消或者是降低要求，它对孩子的要求只会是越来越高，题目一年比一年难度加大，孩子依然需要投入大量的时间和精力；另一方面，孩子在应试教育之外，又多了素质培养的要求，各种爱好班、培训班层出不穷，别人学了，若你不学，好像又在其他方面落后于人，这又增加了家长和孩子的心理焦虑。

现在在很多城市，孩子除了正常上课之外，业余时间和节假日，都完全贡献给了这些五花八门的培训班、辅导班。这些班，有的与功课有关，比如奥数、英语、作文等等；有的是特长爱好，比如绘画、声乐、舞蹈、器乐、棋类、武术等等。孩子从一个班赶到另一个班，成了比牛马还辛苦的"学奴"，而家长呢，也要牺牲一切，奉陪到底，不仅经济上负担很重，还忙得焦头烂额。这样的局面，还有一种传染性的恐慌——看到别人都如此，自己不这样做，心里就不踏实，就怕被别人超过了。

明明知道危害，又不得不"同流合污"，这恐怕是很多老师和父母都感到无奈和痛苦的一件事情。

在这个现实问题面前，到底应该怎么办呢？

我的建议是：周旋，用智慧和这样的体制灵活周旋。既不完全与它决裂，游离于体制之外，又用适当的方式，减轻孩子的负担，保证孩子的健全心理和健康成长。

在应试教育中，学习成绩是最重要的衡量指标。虽然你可以认为这很片面，但你却不能完全排斥它。因为这是一个孩子在学校里地位的确立和自信的依靠所在。你说得再天花乱坠、头头是道都没用，孩子一到学校，成绩的因素自然就摆在那里。老师、同学对他的态度，他对自己的评价，都离不开"学习成绩"这个基本点。

对这个问题的认识，我也是慢慢才明白的。因为我自己在读书阶段的学习成绩，一贯出类拔萃，所以，成绩在我的心中，并不怎么重要。很长一段时间，我都对女儿说："你想学多少算多少，考多少分都没有关系，只要你每一天都过得快乐就行了。"每次考完试，女儿自己想告诉我就告诉我，我从来不问她的成绩。

本以为这样的"放任"教育，女儿一定特别开心。相反，女儿却并不认同。她有天对我说："你为什么不关心一下我的成绩呢？"我告诉她："成绩不重要，重要的是掌握了知识，学到了本领，每一天都能过得充实快乐。"女儿却说："成绩也很重要，特别是对于我们学生来说，如果你成绩不好，老师和同学就不会看重你，你在班上就没有地位，你的朋友就少，你也很难建立自信。在这样的情况下，你怎么能快乐呢？"

从那以后，我才知道，作为学生，你是无法忽略成绩的作用的。这是一个"硬指标"，一切的忽视都是自欺欺人。我们既不能"唯分数论英雄"，以追求成绩来代替一切，但也不能看轻分数的作用。

正确的态度是，在战略上藐视它——成绩只是对知识的一种检验方式，胜不足以骄，败不足以馁；但在战术上要重视它——认真学习，每

次考试尽量争取高分。

作为家长，我们要做到，无论孩子成绩如何，只要他（她）付出努力了，那就是一个好孩子，我们都要鼓励他（她）、支持他（她），为他（她）打气加油。平时，我们要注重培养他（她）对学习的兴趣，帮他（她）养成良好的学习习惯，帮他（她）总结出适合他（她）自己的学习方法，科学合理地安排好学习时间，期待他（她）取得更好的成绩。

在应试教育的体制里，如果将孩子完全置身于外，一味地强调素质、能力、兴趣、自由的个性、创意的想象、天性的发挥、快乐的游戏等等，虽然可能有极少数天赋好的孩子，最终也能成材，但这样的概率是极低的，只能作为个案特殊对待，不具备普遍的推广意义。对绝大多数普通的孩子来说，这样是不科学的，也是有害的。

如果，一个孩子对书本知识和学习成绩抱着无所谓的态度，不用功，怕吃苦，在一次次的学习竞争中总是落后于人，错失了一所所优秀的小学、中学、大学，那么，不管家长如何鼓励他（她），他（她）也很难抹去"失败"的阴影，很难确定对自我的信心，还可能会丧失更多的发展潜力和更好的发展机会。若一顶"差生"的帽子压到他（她）的头上，在学校里经常受到忽视或歧视，他（她）有再强大的心理，也很难真正快乐起来。

我想，我们应该根据每个孩子不同的实际情况，提出不同的要求，既不盲目加压，也不置之不理，更不放任自流，而是帮助他（她）一起勇敢地参与竞争，迎接挑战。

然而，在应试教育的高压下，孩子也并不是没有自由施展发挥的空间。家长完全可以用适当的方式给孩子减负，鼓励他（她）全面发展，在环境和心态上，尽量为孩子打造一方轻松愉快的小天地。

比如，可以给孩子减轻一些没有必要的作业负担。作业任务特别多的时候，家长可以给老师打"报告"，为孩子找出"开脱"的理由，这样既维护了老师的威信，又保证了孩子的休息时间。

　　比如，无论孩子考多少分，都不要打骂孩子，也不拿别的同学的成绩与孩子相比，而是细心帮孩子一起分析考得不好的原因，帮孩子找出知识薄弱点，培养孩子的学习兴趣，帮孩子摸索出一套事半功倍的学习方法，帮孩子树立信心，迎头赶上。

　　比如，谨慎对待各种培训班、辅导班。对于孩子没有兴趣的爱好，一律不强求孩子去学。强调孩子利用课堂时间，提高学习效率，讲求学习方法，课外时间尽量少安排学习辅导。

　　比如，节假日特别是寒暑假期间，尽量抽出时间，多带孩子外出参观、旅游。多陪孩子做一些体育运动。这样既开拓了视野、调节了身心，又增强了家长与孩子之间的感情与沟通。

　　比如，驱除焦虑心态和攀比心理，培养幽默感，在家庭里多营造一些轻松快乐的气氛。心情放松了，学习的紧张和压力也会缓解不少。

　　比如，与孩子平等交流，了解孩子的真实想法，倾听孩子的心声和要求。在孩子遇到挫折的时候，多鼓励他（她），帮他（她）想出一些切合实际的应对之策……

　　以我的经验，在孩子小时候，尤其是幼儿园、小学阶段，家长可以在孩子学习任务不太重的情况下，多培养一些孩子的业余爱好，多参加一些课外活动，多出去旅游几次，在素质教育和应试教育的矛盾中，偏向于前者。到了初中，学习任务逐渐加重，在应试教育和素质教育的平衡中，要把握好分寸，兼顾两者，不可偏废。等到升上高中以后，随着学习任务的进一步加重以及高考的来临，一些课外活动和兴趣爱好的培养，就可以暂时"牺牲"一下。除非孩子学有余力，否则，应该以学习为重，让孩子集中精力搞好学习，一定时间内可以更偏向于应试。

　　所以，在应试教育的环境里，其实，家长周旋的空间还是很大的。这需要家长保持良好的心态，克服焦虑和攀比心理，还需要家长具备足够的智慧和耐心。当然，最重要的是，要根据孩子的实际情况，因材施教。

　　因为每个孩子的性格特点和接受能力都是不同的。在有些孩子看来是压力的东西，在另一些孩子看来却是动力。有些孩子像鼓，敲一敲，

他（她）就响了；可有些孩子却像瓷，敲一敲，可能他（她）就碎了。因此任何教育经验，都必须根据自己孩子的特点而变。是鸟呢，就让它们飞；是鱼呢，就让它们游；是马呢，就让它们跑起来；如果是乌龟呢，那么，就让它们一步一个脚印地爬吧——哈哈，也别小看了人家，龟兔赛跑的故事就不提了，还有大名鼎鼎的"忍者神龟"呢！

就拿批评来说，有的孩子考得不好，被家长批评几句，给点压力，他（她）学习起来就会更自觉一点、用功一些，成绩马上就会有所提高。而有的孩子，对自己的要求本来就很高、很严，自尊心又强，考得不好的时候，家长还没说他（她）一句，他（她）自己就先掉眼泪了。如果家长再严厉一些，骂他（她）几声，他（她）立刻就觉得脸面丢尽、无地自容了，反而情绪低落、心灰意懒，影响了自信和学习。所以，选择什么样的教育方式，还是要看面对的是什么性格的孩子。

像我的女儿兰兰，我觉得她在学习上自信心不是很足，性格上又容易逆反，所以，我一般都采取鼓励、赞扬的方式，提高她的自信，很少批评她。有时候发现了她的一些小缺点，我都不采取"你这样不好"的方式，直接指出来，而是用"如果你能怎样，那就更好了"这种委婉的方式，帮助她改正过来。对她提出的一些不太合理的建议，我也不以"不好""不行"加以否定，而是用"如果那样，会不会更好呢？"给她更多的反思空间。当她的意见和父母的意见不相同时，我也不强迫她，而是对她说："如果是我，我会怎样做，不过，这是你自己的事情，你自己做选择。"以这样的方式，平静地提出自己的意见，不让孩子有逆反心理。这时候，女儿反而容易接受家长的建议和意见了。

有一天，我在杂志上看到一篇文章，这篇文章讲了一对父女的有趣故事。我觉得这个故事，对我们所有做父母的人，都是很有启发的。它可以让我们明白，我们对孩子的要求不应太高，在教育孩子的问题上，我们也不要太过焦虑。因为，实际上，我们已经是很幸运的父母了，我们的孩子毕竟没有给我们惹出大麻烦。在做父母的心态上，我们也要提

倡"知足常乐",而不要一味的"盲目攀比"。这篇文章是这样写的:

父亲从女儿房门前经过时,发现女儿的房间收拾得异常整齐。这太奇怪了。

女儿15岁,追求时尚却不爱整洁,房间一向凌乱不堪。今天,不但被子叠得有棱有角,其他物品也摆得整整齐齐,被擦拭得一尘不染。

接着,他看到枕头上放着一封信。他走进房间,拿起信,信的开头写着"亲爱的爸爸"几个字。

父亲心中顿时升起一种不祥的预感,他用颤抖的手拆开信,念起来:

"亲爱的爸爸:我在写这封信时,心中充满内疚和不安,但是,我还是得告诉你,我就要离家出走了。为了避免你和母亲的阻挠,我和男友兰迪必须这样私奔。

"我和兰迪已经是一体的了,谁也不能把我们分开。我相信,你们见到兰迪也会喜欢他的。他身上文刺了各种图案,他的服装另类、前卫,他的发型独一无二。

"我和他之间不但难舍难分,而且,我已经有了身孕。兰迪说,他要这个孩子,以后我们三个人幸福地生活在一起。我想,我们肯定会幸福的,虽然兰迪的年龄比我稍大一点(男人42岁,在现今这个社会不算太老,是吧?),也没有什么钱,但是,这些不应该成为我们感情的障碍,你们说对吗?

"我们打算到深山老林里去,搭一间小木屋。我们已经在那儿准备好了过冬需要的木柴。当然,兰迪还有好几位女友,但是,我知道他会以他的方式对我表示忠诚的。他说,他要和我生好多好多孩子,这也是我的梦想。

"兰迪认为,大麻不会对任何人造成伤害,我将和他一起种植大麻,然后出售给我们的朋友。同时,我们还要向上帝祈祷,

希望科学家早日找到治愈艾滋病的方法，这样，兰迪就可以康复了。他应该能得到这样的好报。

"爱你的女儿：罗丝"

读到这儿，父亲差点昏厥。这时，他看到另外几个字，"未完，见反面"。

他慌忙把信翻过来，那里有几行字：

"另：爸爸，你刚才读到的文字都不是真事。真实情况是，我在隔壁邻居的家中，并想让你知道，生活中有好多事情比我的成绩单要糟糕得多。我的成绩单放在书桌中间的抽屉里，请你签上名，然后给我打电话，让我确信我可以平安回家了。"

是的，我引用这个故事，也是想说，生活中有好多事情，比孩子的成绩单要糟糕得多。做父母的，在与应试教育"周旋"的时候，一定要保持一种乐观、放松的心态，别给孩子太大的压力。毕竟，压在孩子身上的应试教育的"磨盘"，已经够沉重了，我们只能为孩子减压，为孩子鼓劲。

教育启示录

1. 家长必须拿出足够的智慧，与应试教育周旋，既不背离它的轨道，又不被它所"祸害"。而要扬长避短，既发挥它在基础教育中不可忽视的一面，又避免它对孩子创造力的破坏，阻碍天性、爱好的自由发挥。

2. 克服焦虑和攀比心态，根据孩子的实际情况和个性特点，因材施教。有的孩子可以施加一点压力，有的孩子以鼓励肯定为主。用什么样的教育方式，取决于孩子的特点。

3. 开动脑筋，放松心情，根据孩子的不同学习阶段，灵活采用适当的方式，尽量减轻孩子的各种负担。

4. 生活中有好多事情比孩子的成绩单要糟糕得多。家长要多看孩子的长处，知足常乐。

第十章　养育孩子也收获了快乐

问题思考

1. 父母养育孩子，只意味着单方面的付出吗？

2. 孩子给一个家庭带来了什么？

3. 孩子送给父母的最珍贵的礼物是什么？

4. 为什么有那么多的父母容易产生埋怨、攀比、失落的情绪？

　　大多数父母，都觉得自己养育孩子，是对孩子的一种大付出。他们总喜欢对孩子说："从你出世的那一天起，我们就开始操心了，给你吃，给你穿，怕你生病，怕你受伤，没有一刻是轻松的，可怜天下父母心，你将来长大了，要记得报答父母啊！"或者是："父母辛辛苦苦，省吃俭用，你知不知道，为了你的成长，我们吃了多少苦，受了多少累呀？你如果不听话，对得起父母吗？"诸如此类的话，无非是讲，在父母与孩子的关系中，父母是施的一方，孩子是受的一方，父母是付出，孩子是得到，所以，孩子要顺理成章地孝敬父母，听父母的话，回报父母的辛苦。

　　这些家长一般容易给孩子留下唠叨、抱怨的印象，容易向孩子提出过高过严的要求，让孩子产生逆反心理。他们自己也容易有失衡、失落的心态，总觉得自己为孩子付出的多、得到的少，得不偿失，郁郁寡欢。

　　事实果真如此吗？

　　要把一个孩子养育成人，绝对不是一件轻松的事情，父母的操心和辛苦，是不言而喻的。然而，这只是问题的一个方面。从另一方面看，孩子从一出生，他（她）就已经开始用自己的方式，无时不在回报父母了。那些只强调前者的父母，实际上是在回避一个真相：在父母与孩子的关系中，双方是互动互利的，双方同时在付出，也都同时在得到。而做父母的，往往只会记得自己的付出，而忽略了孩子带给他们的很多有形无形的东西。

　　拿我自己来说，在我四十几岁的生命里，我最大的幸福和痛苦都来自于孩子。

　　迄今为止，让我感觉最痛苦的一件事情，就是生育。那种肉体上的疼痛，超出了我能忍耐的极限，是无法用语言形容的。经历了生育之苦以后，我感觉自己的人生因此发生了质的变化。此前，我的人生可以总结为"气体时代"（飘扬、浪漫，还带点淡淡的忧郁），经此一"役"，它不可逆转地变为"液体时代"（梦幻逐渐消散，轻盈开始化为厚重）。我慢慢要学做一个合格的社会人，包涵忍耐与承担、艰辛与责任，要慢

慢成为一个宽容、温柔、有信心、有力量的母亲，尽量为我的孩子撑起一片温暖的天空。

由此看来，一个女人的质变，实际上不是从她嫁为人妻的那一刻开始的，而是当她成为一个母亲之后才真正发生的。生育的巨大痛苦，从一开始就告诉她，养育孩子对于母亲来说，将意味着怎样艰巨的挑战和沉重的责任。

然而，接下来的一件事情，又让我一下子飞升到幸福的天堂。这种无与伦比的幸福，恰恰也是孩子给我带来的。这件事情就是哺乳。哺乳，让我从生命的最细微、最根本处，体会到母爱这种超越一切的神圣情感。

试想一下这样的情景：当那个天使一样的小生命，带着洁净的芳香，依偎在母亲的怀里，她用胖胖的小手抱住母亲的乳房，甜蜜地吮吸着母亲的乳汁，不时还用最纯净无邪的目光，抬眼信任地望向母亲，露出一丝满足的微笑。这时，这母女两人的每一条神经每一个细胞都连在了一起；这时，世上所有的喧闹、黑暗、冷漠、丑恶都消退了，她们就是世上最纯洁、最完美的生命；这时，这母女两人的世界再容不下其他的东西了，因为她们自己就构成了一个完整无缺、完美无撼的世界！此时，那个做母亲的人，她的身、她的心都被幸福填满了。她望着孩子一尘不染的眼睛，闻着那纯洁又甜蜜的芳香，感到了孩子对母亲那一种透彻的信任和无限的依恋。她们注定是世界上最亲最亲的人。在她们的生命里，上天安置了同一种神奇的密码。

我在给孩子哺乳的时候，找到了自己一生最幸福的时刻。在那一刻，我真正走进了天堂，看到了天使，享受到了无法形容的幸福。任何时候，只要我回忆起那个时刻，我都会心花怒放，心满意足，并且伴随着一种晕眩的感觉，好像在云端上飘浮、腾云驾雾一样。而这种极致的幸福，不正是孩子给我带来的吗？

当然，每个人的生命体验都不一样。对很多做父母的人来说，也许是听到孩子出生后的第一声啼哭时，他感到了无比的幸福；也许是将孩

子第一次抱在手上的时候，他感到了这种极大的幸福；或者是孩子第一次开口叫爸爸妈妈的时候，他有了这种体验。但不管怎样，做父母的人，不应该否认，在我们的生命中，孩子曾经给我们带来了真正的幸福感和充实感。我们的生命，因为孩子而变得更加丰厚、更有意义、更充满力量。

说实话，如果没有女儿的出生，我对人、对生命的认识，都是单薄肤浅的，我的心胸也不会有现在这么包容，对世界的理解和同情，也不会像现在这么广阔。从前，我对所有的孩子，都有些视而不见的感觉，看到别人手上抱着婴儿，还会感觉麻烦和庸俗。一个做了母亲的女人，甚至会让我产生一种同情——同情她们会被孩子束缚，将要从天鹅变成母鸡。

自从女儿出生后，我的观念不知为何，自然而然就来了个180度大转弯。我开始明白做母亲的幸福和充实，又开始同情起没做过母亲的女人，觉得她们的人生总显得有些遗憾和单薄。从女儿出发，我开始对一切的小生命，都从内心里涌出了一种喜爱和怜惜。看到别人家的孩子，也想上前抱一抱、亲一亲，有了把一切孩子都看成自己孩子的博大的慈爱。

没有孩子前，我一直把自己当成孩子，性格比较自我，依赖性很强。有了孩子后，通过察己察人，以心换心，我的责任感和爱心得到了全面提升。是女儿激发了我内心绵绵无绝的爱、同情与宽容。特别是在挫折、困难面前，一想到孩子期盼的眼神，一想到孩子还需要母亲的温暖和力量，我就能焕发出一种克服困难的毅力和勇气，在心情消沉的时候，保持一种良好的耐受力，在挫折面前，告诉自己：坚强、坚强、再坚强！因为一个母亲，她没有软弱和放弃的权利。

是的，为了把孩子抚养成人，我们这些做父母的人，确实时时在操心、日日在尽力，但为什么我们只记得那些付出呢？

为什么我们不多想想，在孩子的成长过程中，我们曾经得到过多少宝贵的生命体验？收获了多少温暖的亲情？

我们从孩子的身上学到了多少纯洁、无私的品德？

孩子给我们的生活带来了多少笑声和欢乐？

孩子让家庭的纽带又紧密加固了多少？

孩子给予我们的无条件的爱与信任，又有谁能够给予？

因为有了孩子，我们怎敢在逆境时轻言放弃和抛弃，从而获得了多少坚持下去的动力？

由于孩子的陪伴，我们的孤单寂寞减轻了多少？我们的生活充实了多少？

累，并幸福着。这就是父母养育孩子的真实感受。那累，是日复一日、没有尽头的，需要父母付出无限的耐心和智慧。而那幸福，也是最持久最踏实的，也许会很平淡，但它是与我们的生命紧紧相连、时刻相伴的东西。

做父母的，在辛苦付出的同时，也应记得：快乐，不仅仅是我们给孩子创造的；快乐，也是孩子给我们带来的。这淡淡的却长久的幸福，正是孩子给予我们的最珍贵的礼物。让我们都对自己的孩子用心说一句：好孩子，谢谢你！

当孩子把自己的小手放到你的手心里；

当孩子欢快地爬到你的背上和你嬉闹；

当孩子把最洁净的身心无条件地托付给你；

当孩子向你投出一种信任的目光；

当孩子依偎在你的怀里甜甜入睡；

当孩子兴高采烈地跑到门口迎接你下班；

当孩子为你端来一杯茶水或是送上一张自制的生日贺卡；

当孩子给你发来一条搞笑的短信；

当孩子长大后，用自己的工资为你买来第一份礼物；

当孩子工作后，抽出时间，回家看望你，关心你的身体健康；

当孩子也有了孩子，带着全家与你团圆，让你享受天伦之乐……

——你和孩子相处的一切一切，那点点滴滴的温暖和幸福，实际上，也是上天通过孩子带给你的无上的恩赐——只不过，这种恩赐常常被父母忽视和忘却。

父母和孩子，本来就是这个世界上最亲密的关系。这种爱的联盟，是最天然最无私的。做父母的人，千万不要将这种关系庸俗化了、物质化了、市侩化了，变成了一种计较得失的衡量、一场功利虚荣的期待。谁能衡量得出心、爱、信任、依恋、亲情，这些词语的价值呢？多与少、轻与重、得与失又怎么计算呢？

无需抱怨，无需唠叨，以爱换爱，以心换心，父母和孩子都是施恩者，也是受恩者。上天让我们成为一家人，这本身就是一个大大的恩典。父母和孩子都要懂得彼此珍惜。

当抱怨的父母改变心态时，他们的快乐将会大大增强，而这种快乐，也必然会投射到孩子身上，让孩子感受到更多的快乐。

教育启示录

1. 父母与孩子是世界上最亲密的爱的联盟，双方既是施恩者，也是受恩者，都从彼此那里得到了很多，因此双方都要懂得彼此珍惜。

2. 做父母的人，在辛苦付出的同时，也要记得，是孩子给我们带来了真正的幸福感和充实感。因为孩子，我们的生命才变得更加丰厚、更有意义、更充满力量。

3. 好父母不抱怨，不唠叨，不衡量计较自己的得失；而是以爱换爱，以心换心，保持自己的快乐心态。

第十一章 不讲孝，而讲爱

1. 传统的"孝道"，会给现代家庭带来哪些问题？

2. 孩子反感什么样的家长？

3. 父母与孩子之间，是该讲"孝"，还是该讲"爱"？

4. 良好的亲子关系，是建立在什么基础之上的？

好多年前，我在杂志上看过一篇报道，给我留下了不可磨灭的印象。报道说，上海的一个男性市民，与一个路过的外地女游客发生了纠纷，双方都不冷静，互相辱骂。这个男市民居然在愤怒中追打这个女游客，并将女游客的衣服当众剥光，野蛮示众。围观人群成百上千。当时，这个女游客还带着自己年少的儿子，他们被突然降临的灾难吓呆了，仓皇逃跑，那个男人一直在她身后追打不舍，甚至在光天化日之下，对女人的裸体，实施淫手。后来在好心人的帮助下，这个可怜的女人才得以披上了一件衣服。案件发生后，这个男市民（按当时的法律）被判处了死刑。但是有一些人为他求情，理由为：他是一个地道的孝子，对自己高龄的老母，简直是鞠躬尽瘁、无微不至。（后来，好像那人还是被枪毙了。）

这件事让我很是震惊。我震惊的是，如此野蛮的丧失人性的暴行，居然是一个"大孝子"所为。那么，孝，是否就意味着"仁"呢？一个对自己父母孝的人，是否就懂得尊重他人、关爱他人呢？

后来，我又看了一些报道。比如某中学校长当众给自己的母亲洗脚，名为弘扬孝道；比如某政府机构把"孝顺"当做干部晋升的参考条件。每当我看到这些关于"孝顺"的话题时，我的心里都会浮起一些不舒服的感觉。一个遵从"孝道"的人，他的私德和公德，必然就是高尚的吗？

传统东方文化，讲"孝"不讲"爱"。以"孝道"为基础，维持社会等级和秩序，有积极意义，也有消极作用。当物质文化生活水平不高时，"孝道"实际上是一种家庭养老保障体系，与社会教化功能合并起来，确保社会有效运作，这时，它的利是大于弊的。然而，当人类发展到现代文明社会、社会保障和福利体系逐步建立、法律日益完善之后，这种"孝道"文化的消极一面，就越来越显现出来。

孝与爱不同，孝道里的爱，是一种不平等的爱，里面蕴藏着一些对人的权利侵犯、对人的情感伤害、对人的自由剥夺。我对这种"孝道"

文化一直有些反感，认为它严重损害了孩子与父母之间的那种天然的亲密关系。

本来，父母爱孩子，孩子爱父母，都是发自内心的真挚情感，可一上升到"孝道"，就让孩子们有被物化、被奴化、被捆绑的感觉。特别是等我自己做了母亲后，我对"孝道"就更反感了：我们爱孩子，难道是要用爱绑架孩子，让他（她）付出孝顺的赎金吗？难道平等的爱、不求回报的付出，不比孝道更真诚更有尊严吗？

——实际上，谁愿意正视这一点、深挖这一点呢？在我们的内心里，一句"子欲养而亲不待"，就足以让一切理性分析土崩瓦解。父母，是我们情感中最神圣最柔软的所在，任何一点对"孝道"的质疑和反思，都会让我们有"大逆不道"的内疚和自责。但是，我们必须拿出真诚和勇气，重新审视这个问题。因为传统的"孝道"，实际上，已经成为不少现代家庭中父母与孩子最根本的分歧、最本源的矛盾所在了。

拿我们家来说，我们从来不讲孝，只讲爱。孩子在一种爱与平等的环境里长大，想象力和创造力都没有受到任何束缚，性格阳光，心态乐观。最重要的是，在父母的尊重与爱里，她也学会了对他人的尊重与爱。小学时，她曾写过一篇命题作文《我的家庭》。从她那诙谐幽默的文笔中，我们可以看出一个孩子那种自信、阳光的好心情。

　　我有"家"，也有"庭"。我家是一个大家族中的一分子。与我最亲的就是爸爸妈妈爷爷奶奶。我很爱我的家。我的"庭"其实就是我家五口人居住的地方。我的"庭"并不是很大，却很温馨，我也很爱它。

　　我觉得我们家最可爱的就是我了。因为有我，我们家才变得很幸福。我是一个外表看起来文静、听话的"乖"女孩，其实内心里却很有个性，有火一样的热情，还有一点点叛逆。我的性格也很怪，会72变，根据一天的心情、环境，做出不同的变化，

让人看不透。我最爱的地方就是我的一双眼睛了，因为它们很有神。我最开心的是，父母从来不强迫我做我不喜欢的事情。

我们家的五个人中，我最爱妈咪。因为她既可做我妈妈又可做我姐姐。妈妈也是一个怪人，她的思想很理性、很成熟，但是她看上去却很可爱、很幼稚，很喜欢跟我撒娇。我每次介绍她时，都说她是"做鞋"的，其实她是在"作协"上班，写的文章很好看，和"做鞋"就大大不同了。

在我家，我爸是最不受"欢迎"的人。他在机关工作，很忙，很少回来，但他一回家，就成了我们的嘲笑对象。因为他做IQ题和脑筋急转弯时，很多都不会做，而且经常在吃饭时，大讲他悟出来的几个"深刻"道理，还一本正经、振振有词的，笑到我肚子疼。不过，爸爸很关心我，对妈妈也很好，还很热心肠，他的这些优点真的很难得。

我的奶奶，我喜欢叫她"肥奶"。因为奶奶长得很胖，圆圆的脸上溢出慈祥的笑容，所以我很喜欢和她一起睡觉。抱着她的胳膊睡觉，好像抱着一只软软的厚枕头一样。她也是我们家的"后勤部长"。我每天吃的香喷喷的饭菜就是她的"拿手好戏"。

至于我的爷爷呢，我则喜欢喊他"老鼠"。因为他属"鼠"，而且我觉得他的胆子也跟老鼠一样小，稍微冒险一点的事情就不敢做。不过，爷爷会拉二胡，还会作诗（打油诗）。他也喜欢在吃饭时讲一些喷饭笑话。

其实，爸爸妈妈和我也有另外的称呼。不同于爷爷奶奶的是，这三个称呼都是五个字的，而且很奇特。妈妈，我叫她"贵妃羊咩咩"，因为她长得漂亮（至少我是这样认为的），也有羊羔可爱的样子。爸爸呢，我叫他"智深卤猪猪"，因为我希望爸爸加深智慧，而且"卤猪肉"也是我很喜欢的一道菜。嘻——我叫"则天舞蝶蝶"，因为我很佩服武则天，"蝶"则是我对多彩世界的

向往和追求。

　　我们家虽然人人相貌不同、性格不同，但有一样都是相同的，那就是我们都有一颗真诚的爱心——爱祖国、爱生活、爱他人、爱自然、爱动物，也爱我们自己。

　　试想，这样活泼轻松的文章，能出于一个被"孝道"压抑和束缚的孩子之手吗？

　　当然，也有人担心，如果不提倡"孝道"，那么父母年龄大了，丧失了劳动能力，而在社会保障尚不健全的时候，不是无法生存了吗？

　　其实不然。这涉及到一个法律问题。子女在未成年时，父母有养育他（她）、给他（她）提供教育的义务，而当父母年老无生活来源时，成年子女也有赡养的义务。这是用法律条文明确规定的义务，如果违反，就必将受到法律的惩处。但我们不能把法律和情感混为一谈，而应该将法律的交给法律，将情感的让给情感。

　　真正的情感沟通，是从内心自然生发的，不应该带着"你应该如此""你不如此就如何如何"的强迫。也就是说，你可以规定让孩子赡养你，但不可能规定让孩子爱你。爱，是需要以心换心，是需要平等的尊重和理解的。

　　其实，在现实生活中，很多不愿意赡养老人的孩子，在他们幼年的时候，就受到了父母的伤害，没有和父母培养出一种发自内心的真爱。他们与父母的联系是一种"服从"，是一种物质上的关联，是一种生存上的需要，而不是"真爱"。如果父母从小将他（她）当做可以支配的"物"，那么长大后，他（她）也必然将年老的父母，看做是没有用处的"物"。

　　小时候，父母用"孝道"束缚他（她）、要求他（她），他（她）虽有抵触，但无法反抗，只把一种对父母的厌恶或仇恨，埋在了心里，等长大以后，当他（她）有能力反抗这种精神的捆绑时，往往会做出一些

叛逆的行为。如果父母从小就与他（她）建立了亲密无间的联系、牢不可破的情感，让他（她）学会了真正的爱与仁义，学会了如何尊老爱幼，那么，他（她）对父母的爱与敬，不是水到渠成、自然而然的吗？

还有一种现实是这样的：孩子被"孝道"成功洗脑了，认为无论父母如何对待子女，父母都对孩子有养育大恩、有天经地义的权利，孩子应该无条件服从父母，以父母的心愿为心愿，以父母的高兴为目的，对父母表示恭敬和孝顺。这样的孩子被冠以"懂事""听话""孝子"（或"孝女"）的美名，在社会上博得广泛赞誉。可是，"孝子（女）"真的就意味着善良、谦恭、奉献、仁义这些优良品德吗？

在我的长期观察中，一些"孝子（女）"实际上也有扭曲的性格。他们或许也会自私、褊狭、虚伪，可能由于习惯，对自己的父母一直非常顺从和孝敬，但对他人、同事、朋友，甚至是配偶、孩子、亲戚，都可能计较和自私。他们的"孝"有些只是对传统、对权威的盲从，对陈旧道德的维护，或者是一种带有虚荣心的表演。而任何盲从或虚荣，在本质上都是人性的一种压抑和扭曲，它不以正常的方式释放出来，就会以一种变态的方式发泄出去。正像我看过的不少报道一样，一些罪犯，甚至是杀人犯，都可能曾经被人看做"孝子（女）"。

要培养真正的善良、仁义、宽容、谦恭、责任这些优良品质，需要什么呢？我以为，最重要的，就是培养孩子们健全的人格和心理，培养他们从小学会尊重他人和尊重自己，学会信任与关爱，学会正确表达自己的意愿，学会坦诚面对自己的内心，学会沟通，学会同情弱者，学会从他人的角度看问题，学会将心比心，学会己所不欲勿施于人，学会平等待人，学会具有开阔视野和开放心态，学会原谅和宽恕，学会忏悔和反省，学会播种阳光和展现阳光。

——以上种种教育，怎么是从父母私利出发的"孝道"可以概括的呢？当然，我并不是鼓励孩子"忤逆"，而只是希望所有的孩子都能从"孝父母"变成"爱父母"。而要赢得孩子的爱与尊重，父母必须首先付

出真正的爱与尊重。

当然，不能否认，"孝道"里也有一些内容是与"仁爱"精神相吻合的，比如尊敬、赡养、宽容、知礼、回报、守序、奉献，这些仍然值得提倡。需要摒弃的是，"孝道"里那些"封建意识"浓重的观念，造成父母与孩子不平等、给父母特权、压制孩子的那些陈规陋见。比如：父母是权威，父母的话永远是正确的，孩子必须听话、服从父母；父母养育了孩子，对孩子就有大恩大德，就有权干涉和控制孩子；孩子无论为父母做什么，都是应该的；孩子是从属于父母的，父母打骂孩子没什么大不了的，即使打骂错了，也无可厚非；一个好孩子就是一个听话的孩子，他必须以父母的意志为转移，以父母的高兴为选择标准，否则就不是一个好孩子……诸如此类。而这些观点，恰是造成父母与孩子矛盾与伤害的根本原因所在。

我知道，以上这些论述，都是与我国传统的家庭教育大相径庭的"新锐"思想，如果没有开放的心态、无私的情怀、自省的能力、强大的内心，很多做父母的人是难以接受这样的观点的。可是，我觉得，这些基本理念正是构建幸福家庭、形成健全人格、成为优秀父母的根基所在。如果没有这种根本性认知，那么，我们学到的不过是些教育技巧，交流的不过是些经验之谈，一旦碰到真正的家庭矛盾和子女问题，往往又变得束手无策或者是原形毕露。

因为，真正的好父母，就是从这样的基本理念出发的。

教育启示录

1. 把父母与孩子真正联系起来的纽带，不是"孝"，而是发自内心的"爱"。亲子之间，需要的是平等的爱，而不是不平等的孝。

2. 父母和孩子都要学会平等的爱、不求回报的爱、发自真心的爱，并把这种真心之爱推广到社会上，学会对他人的尊重与爱、对弱者的同情与爱，这些比"孝道"都要重要得多、真诚得多、开阔得多。

3. 把家庭教育建立在平等的"爱"上，而不是不平等的"孝"上，这是避免家庭矛盾和伤害的重要途径。

第十二章　平等沟通是最有效的法宝

问题思考

1. "代沟"是如何形成的？

2. 父母与孩子如何平等沟通？

3. 如何利用家人就餐的时间，与孩子进行交流？

4. 孩子最讨厌父母的哪些话？

2001年到2003年，我先生考取了中央党校的博士生，离家三年去北京求学。那时，我女儿刚刚八九岁，读小学。这是一个孩子成长的关键时期。为了不给孩子留下"父爱缺席"的遗憾，也为了加深与孩子的互动了解与感情，我先生写了大量的信件给女儿。虽然他写得尽量简单、明白，尽量用孩子容易理解的词汇，但还是有很多字，女儿不认识。那些信都是我一字一句地慢慢读给女儿听的。

在这样的交流中，虽然爸爸身在遥远的北方，但女儿却能感觉到，爸爸离她很近，好像并没有离家一样。因此，父爱不仅没有在生活中缺席，反而在日益加深、日渐温暖。这些信后来由于搬家，只保留下不多的几封。虽然它们写得很朴素、平实，但从中我们可以看出，一个父亲对女儿的那份拳拳之心。让人感到欣慰的是，他们父女的沟通，一直都是真诚、坦白、平等的，就像两个好朋友在娓娓谈心一样。

这些信实录如下。

兰兰宝宝：

你好！开学已经一周了，你是否重新适应了紧张的学习生活？每天快乐吗？祝你天天快乐、天天开心、天天进步，祝你和同学们的关系越来越好，祝你越来越勇敢、开朗，越来越热情、大方，同时，也祝你和妈妈都越来越漂亮。

我现也已正式开学，昨天开学典礼后，就进入新学期的学习阶段。这两天我要订一个学习计划，主要是要将论文的大纲理出来，将相关资料收集齐，着手论文的写作工作，同时要做一些其他方面的事情。总之是要把时间合理地安排好。不能浪费时间，不能虚度光阴。

这次回去，明显地感觉你大了、成熟多了，各方面都有很大的进步，我心里非常高兴。虽然，你有时表现出一点娇气，但是，我知道，你是一个内心非常坚强、非常懂事，也是非常有主见的

好孩子，你知道大家都爱你、宠你，所以你要撒点娇。我认为这不是原则问题。你的自制能力、自理能力，你的聪明、勇敢等等，都让我十分佩服，很多方面我都要向你学习。不管什么时候，我都坚信，你是最优秀的孩子。每个人都有缺点，大人的情绪也有失去控制的时候，所以他们会吵架，会错误地批评小孩。爸爸有时对你的批评也是错误的，请你原谅。我会努力做好的。

爷爷、奶奶（注：指兰兰的外公外婆，以下同）年龄大了，身体都不太好，平时事情也多，他们很劳累，和爸爸、妈妈一样，他们也是最爱你的，请你力所能及地照顾好爷爷、奶奶，力所能及地替他们做点事，不要惹他们生气。平时，请你尊敬爷爷、奶奶和妈妈，同时也关心他们。这一点我做得还不够，请你给我做个榜样。

你是非常聪明的好学生，学习肯定不会有问题，这一点，我是非常放心的。请你平时学习时更细心一点，工作更大胆一点，要敢于表达自己的观点和要求，有什么事要说出来，不要放在心里，好吗？

我想和你一起提高英语水平，我们每周学10个单词左右，这周我们学以下11个，让妈妈教你发音，好吗？再见，孩子。代我向爷爷、奶奶、妈妈及大姨和小陈叔叔问好。（英语单词略）

祝你学习进步！

兰兰宝宝：

你好！这些天非常忙，一直静不下来，现在才能坐在灯下给你写信，把一些情况向你说一下，并请你将这些情况转告妈妈和爷爷、奶奶。首先向你说说北京的天气。现在北京的天气以晴天为主，白天气温较高，一般在28度左右，树上的知了在不停地叫着，中午到户外还是感觉比较热，但在房间里就不太热；夜间气

温一般在20度左右，人体感觉比较凉爽，要盖被子才行，特别是早晨与晚上，已稍稍感觉有些凉意了。与南方的天气情况相比，南方炎热、潮湿，北京清凉、干燥。就拿运动来说，在南方每天我运动45分钟左右，就会大汗淋漓，而在北京，同样的运动量，出的汗水就要少得多。党校里面有一座很漂亮的假山，还有一个人工湖。每天早晨我沿着林阴大道，围着假山和人工湖跑一圈，太阳也晒不到，感觉非常舒服。现在，我生活基本已安顿下来，早上6时左右起床，洗漱完毕，运动45分钟左右，到锅炉房打好开水，就到食堂用餐。学校有3个食堂，早晨主食一般有馒头、油条、蛋糕、包子。包子有好几种馅的，有豆沙的、果酱的、椰蓉的等等。另外还有鸡蛋、咸鸭蛋、豆浆、白粥等。每早8时上课，中午12时左右吃饭，休息一会儿，下午2时30分上课。从学校的安排来看，这学期课程较紧，英语每周4节，还有其他专业课。这一周，基本上是入学教育，主要讲各项规章制度等，下周就要正式上课了。

我们班共有21人，来自全国的不同地方，年龄都较大，一般在30岁至38岁之间，30岁以下的较少。很多人都有孩子，有人的孩子已读初中三年级了。我将我们一家三口的大照片，摆在桌子上，人们看了都羡慕，说我们家真幸福，尤其是夸我女儿可爱。听妈妈说，你现在早晨上学时间改了，每天上学前弹一会儿琴。学校的老师和同学们都非常喜欢你。我十分高兴，我以你为荣，为你而自豪。

你是最好的孩子，你最懂事，有时候我批评你是不对的。特别是以前有段时间，我过于急躁，做得不对，对你和你妈妈犯的这些错误，我是非常痛心的，我想我会吸取教训，改正缺点，努力做好的。非常感谢你、妈妈及爷爷、奶奶对我的宽容和原谅。人都是在不断地改进错误的过程中进步的，没有不犯错误的人，

也不存在没有缺点的人，只要改正了错误就是好人，你说是吗？

听妈妈说，现在的老师非常喜欢你，有意要在各方面培养你，虽然我不认识你现在的老师，但是，我想这个老师是有眼光的，他知道你是个很优秀的好学生。孩子，在这里爸爸要对你说，你做任何事，任何时候都要自信，都要勇敢、大胆，不要害怕，要大胆地试、大胆地闯，做错了，也不怕，改正就是了。另外，我认为你应加强体育锻炼，每天上学的路上，最好跟爷爷跑一跑，要各方面全面发展才行。

希望你听妈妈和爷爷、奶奶的话，有时间多和妈妈交流，你妈妈是最好的妈妈，有什么问题，你和她商量没有错。好了，这次就写到这里吧。请你代我向爷爷、奶奶、大姨和姨父问好，并替我亲亲你的妈妈，同时请你转告她，我非常爱你也非常爱她，好吗？我不好意思对她说。谢谢你，好孩子。祝你学习进步、健康成长！

兰兰宝宝，我亲爱的孩子：

你好吗？我来到北京已近半月，不管是学习还是生活都已步入正轨。总体上来说，我的学习生活是紧张、快乐的，但是压力还是比较大的，特别是英语课，课堂上全部说英语，老师不允许说一个汉字，这样精力就要非常集中，不得有半点分神。第一节课上，每个同学用英语介绍自己本人和家庭的情况。我向同学们介绍说，我有一个非常幸福的家庭，我的妻子贤淑而美丽，她是一个优秀的新闻工作者，是一个不错的部门领导，我非常爱她。我有一个很可爱的女儿，她聪明、健康、活泼、漂亮。她是一个三年级的小学生，她还是一个称职的班长，不管是老师还是小朋友都非常喜欢她，我也非常爱我的女儿，我为她骄傲和自豪。老师和同学们也都羡慕我有一个幸福的好家庭。

现在，北京已有浓浓的秋意，早、晚都比较清凉，窗外知了的叫声已不再有夏日的嘹亮，而沙哑下来。这是一个成熟的季节，校外水果摊上的水果琳琅满目，有苹果、梨、桃、葡萄、海棠、西瓜、枣等，而且很便宜。梨五角钱一斤，苹果五元钱七斤，葡萄一般二元钱一斤，西瓜两毛钱一斤。我有时买一点苹果，有时买一点桃，每天总要吃一点水果。今天早晨，天空飘起细细的小雨，气温比平时要低，秋意就更浓了。秋天的北京是阴沉的，与阳光明媚的南方比，是迥然不同的。四季分明，这是北方气候的特点之所在。

听妈妈说，你这学期各方面进步都很大，写作业认真、抓紧时间，练琴也很认真，我十分高兴。特别是你大胆勇敢地竞选班长，表现得非常优秀，我真的很为你自豪，这比你考试得了100分还要好得多。我觉得你比我和妈妈都要强，真的，孩子，不管是我还是你妈妈，都没有你有勇气，都没有你勇敢。在你这样的年龄，即使是现在，有些时候我们都没有勇气和胆量参与竞争，这是懦弱的表现，一方面说明自信心不足，另一方面还是参与竞争的机会和锻炼少。你从小就能积极地参与各种竞争，并养成勇敢地参与各种竞争的习惯，这对你今后成就事业是十分有益的。我想我会向你学习，努力、大胆而勇敢地去参与各种竞争，并不断地积累知识、增强本领，从而在各种竞争中取得胜利。孩子，你身上有很多非常优秀的品德，比如自我控制能力、遇事不惊冷静的处事能力、对待批评豁达的态度、不怕困难的坚强精神、积极参与竞争的勇敢品德，都值得包括我在内的成年人学习。我一直认为并确信你是一个出众的、各方面都非常优秀的好孩子。

不知你现在羽毛球打得怎么样了？听妈妈说有时你们玩一会儿羽毛球，我认为这非常好。不会打不要紧，打不好也不要紧，打一打、练一练就好了。不管是跳绳、拍皮球，还是玩呼拉圈，

不都是从不会到会，从玩得不好到玩得好的吗？所以不管是羽毛球、乒乓球、篮球，还是其他什么球，不管是跑步、跳远、跳高还是其他什么运动，都要大胆地参与。没做过，不会做，或做不好都不要怕，要积极参与，勇敢大胆地去试。试试就会了，做一做，做多了，就做得好了。世界上没有什么大不了的事，别人能做的，只要努力，你也一定能做，而且能做得更好。

上个周末，我去了趟北京大学，看到很多大学生，生活很艰难。有的大学生，为了生活，将用过的书拿出来，摆在地摊上卖，大部分书都卖得很便宜，我买了4本英语书，仅花了10块钱。也有很多女学生在卖书。虽然这些学生很艰苦，但是这些大学生学习都是很好的，他们在这种艰苦的环境中，顽强不屈、努力向上的精神，是感人的，这种精神可以战胜一切困难，而取得胜利。我想我也要向这些贫困的大学生学习，并尽力去帮助他们。

孩子，在你有空的时候，能不能给我写封信呢？我期待着。最后祝你，天天开心，天天进步。特别提醒你，并请你也提醒妈妈和爷爷、奶奶，秋天到了，在季节转换的时候要多注意身体，以防感冒。请你代我向妈妈和爷爷、奶奶问好！今天是爷爷的生日，并请你代我祝他生日快乐！

兰兰宝宝：

你好！坐下来给你写信，就好像正在与你聊天一样，是一件很快乐的事。这时你的音容笑貌、你那聪明可爱的样子，就会真切地浮现在我的眼前。很想你，很想你的妈妈。在这世界上，也是最爱你和妈妈。

听妈妈说你这学期又有飞跃性的进步，做作业能抓紧时间、集中精力，而且很认真。每天早晨弹琴。其他方面也都有长足的进步。我感到很高兴。你是个非常好的孩子，从小就是这样，你

的进步都是突变的，一下子就会说话了，一下子就会走路了，弹琴一下子就入门了，画画一下子就会画了，我认为你是一个不可思议的聪明的好孩子。希望你继续努力，积极进取，在各方面都取得新的进步。更希望你和妈妈天天开心、天天快乐。开心和快乐就像健康一样，是人生最重要的事情。我们在学习知识的同时，更要学会如何在生活和学习中寻找并感受快乐。

在北京，现在已能明显感觉到春的气息，柳梢已开始吐绿，杨树上已挂满毛毛虫样的东西，落得满地都是。前两天，黄黄的迎春花就已完全开放。迎面吹来的风，已不再是冰凉刺骨的，而有了些许暖意。万物都好像从酣睡中苏醒过来，处处充满了盎然的生机和活力。

春天的脚步是不知不觉地走来的，春天的脚步又是非常快捷的。春天的北京一天一个样，今天的柳梢还是嫩黄色的，明天再看时，已全绿了。同时，春天也是非常短暂的，眨眼间夏天就来了。正像人一样，青春转瞬即逝。

兰兰宝宝，你的英语发音和粤语发音很准确，希望放假时，能拜你为师，提高我这方面的水平。与外国人交往，英语发音不准确，与广东人交往，白话发音也不准确，很尴尬。我深深感到语言作为交流工具的重要性。你妈妈虽然很聪明，但她的语言能力不是太好，你也可以多教教她一些白话。

好了，别的也不多说了。请你代我向家人问好。祝你和妈妈天天开心、天天快乐！

兰兰小宝：

你好！最近一切都好吗？学习忙吗？学习上有什么问题吗？愿你天天进步、天天开心。

最近一段时间我比较忙。一方面忙于收集、整理资料，准备

博士论文的写作；另一方面，在党校学习的广东学员活动比较多，我要组织这些活动。另外，每日还要学英语。英语是每天必须读、听、写的，不然就忘记了。我看在党校学习的很多学员，包括很多很高级别的领导干部，每天都在学英语。世界联系越来越紧密，国际间的交往越来越频繁，英语显得越来越重要。现在学英语是一种潮流。我的英语基础比较差，小时候不用功，没有学好。我想你以后的英语水平，肯定比我和妈妈要高得多。

现在北京春意盎然。杨柳绿了，花儿开了，湖水蓝了，天气也不再寒冷，但是，有时刮很大的风。虽然紧闭着窗，也能听到呼呼的风声。特别是风沙很大，时常有沙尘暴发生。昨天，我就见识了一场沙尘暴。中午时分，我从教室里走出来，只见外面灰蒙蒙的。开始，我还以为是我的眼睛有问题。再一看，整个天空笼罩着黑黄色，空气里弥漫着浓浓的泥土味，天气也很冷，好像世界末日来临的感觉。傍晚时分，虽然天变亮了，但悬在天空的太阳，不再是往日的金黄，而是发出幽幽的惨白的冷光。听说，甘肃、内蒙、宁夏等地的沙尘暴更厉害，那真的就是暗无天日。人不能出门，所有的牲口也不能出门。沙尘暴天气有时一连几天。人和所有的动物只能躲藏在房间和洞穴里。

人对大自然的毁坏是太严重了，沙尘暴就是大自然对人类破坏行为的惩罚。我们要保护好生态环境，保护好大自然，否则，大自然将会给人类更严重的惩罚，直至毁灭人类。关爱地球，珍惜生命，要珍惜动物的生命，也要珍惜植物的生命。

人类毁坏自然环境很容易，但要恢复它，却要难得多。

好了，就写到这里吧，我要睡觉了。祝你和妈妈快乐！也祝爷爷、奶奶快乐！

兰兰小宝：

　　你好！我回北京已有一星期了。五一节同你与妈妈相处的一周，又是我回来后反复回味的内容了。我常常品味你做的一些事，觉得你是一个非常敏感、懂事、聪明、感情丰富而又充满爱心的好孩子。我临走的那天中午，看到你写的那篇作文，我内心里很感动，也很自豪。自豪的是你能写出这么好的文章，感动的是你不吃饭也要将这篇作文写好，让我看了再走。谢谢你，好孩子。

　　前天夜里做梦，梦里你与我走散了。我到处也找不到你，急得要命，最后找到了，看到你和你的同学在一起。我以前也做过几次这样的梦。我想我之所以做这样的梦，主要还是挂心你的安全。安全是很重要的问题。你平时要注意安全。走路要小心车辆，不可东张西望，也不要抢红灯，同时要注意脚下，别绊倒了。在学校里和同学们玩时，也要注意安全，跑的时候，要防止撞着东西或摔倒，爬高的时候，更要小心，特别是在高的地方不要推别的同学，也要防止别的同学推你，从高处摔下来是很危险的。爷爷、奶奶年纪大了，人老后骨头就变脆了，很容易断，而且老年人反应比较迟钝，力量也小，肌体各方面的功能都有所衰退，所以你也要提醒他们注意安全。在安全方面，你妈妈是做得比较好的。

　　这次回去看到你又长高了许多。你长得太快了，就像雨后春笋，一天一个样。但是长得越快，越要注意保持好的体形，腰、背一定要挺直，否则，个子长高了，成了个驼背，那多难看。你妈妈平时坐姿不好，你可以留意她平时的坐姿，看看难看不难看，并帮助她纠正。我特别担心的是你的眼睛，你平时不管做什么事，都一定要将眼睛的保护当做一件最重要的事来注意。写字要直腰抬头，光线暗的时候不能看书。一定要保护好自己的眼睛。做作业时，累了就休息，别让眼睛疲劳。希望你学习好，更希望你有一个好身体。明眸皓齿，亭亭玉立，多么好！

好了，再说下去，你该嫌我啰嗦了，就写到这里了。请你代我向爷爷、奶奶问好，并请你告诉妈妈我最爱你，也最爱她。谢谢！

希望你能给我发一封E-mail。

当我打开我的信箱时，我高兴地发现你给我的邮件，谢谢你。你出的两个问题现在我都不会答，我会去图书馆里查找相关的资料，我也会在网上查，等我查到了我再回答你。如果我实在找不到答案，到时候就请你告诉我，好吗？（注：女儿问了两个关于"恐龙"的问题）

兰兰小宝：

你好！我在网上找到了恐龙网，网址是www.dinosaurworld.com.cn.你也可以搜索"最长的恐龙"，这样就会出来一个恐龙之最的网页。但是，就是没有找到最高的恐龙，只好请你告诉我了。谢谢你，因为你是我的小老师。

听说你五一节的两篇作文都得了A+。真替你高兴。

以下是我在网上找到的有关恐龙之最的内容，送你看看。

（下面即是很多有关恐龙的信息，摘自网络，略）

父母跟孩子的交流，就应该像上面这些信件表现出的那样：坦诚、平等、细致、关爱。除了写信，实际上，一日三餐，全家人围坐在饭桌旁吃饭的时候，也是一家人最方便的交流时间。

吃饭，是一件轻松愉悦的事情。在饭桌上，最忌讳批评孩子。有的家庭，父母一到饭桌上，就板着面孔，开始谈孩子的学习情况，谈着谈着，就开始骂人，弄得孩子在饭桌上，眼泪汪汪的，饭也吃不下去，饭桌上的气氛很压抑，既影响了孩子的胃口，又容易给孩子留下创伤性

记忆。

现代社会，父母、孩子都很忙，单位、学校路途遥远，有些父母还有一些必不可少的应酬，一家人真正能聚到一起吃饭的时间，都是非常宝贵的。这时候，是培养亲情、加深了解、拉近距离、营造气氛的最佳时间。

父母应该把自己的苦恼、压力、烦心事抛到一边，换上一种轻松、愉快的心情，用一些幽默、开朗的话语，和孩子聊天、交流。听听孩子在学校里碰到的好玩的事情，谈谈各自知道的时事新闻和八卦消息，当然，也可以聊一些正经的话题。但无论聊什么，要坚持的一个原则就是，保证饭桌上的气氛轻松愉快，保证不在进餐时对孩子进行批评。

如果发现孩子有什么错误，需要批评的话，可以饭后单独到他的房间再去谈，这样效果反而好。如果父母一方情绪比较低落，对孩子有生硬态度，那么，另一方就必须承担起活跃气氛、转移话题、安抚孩子的职责，切不可"双管齐下"，让孩子备感孤立、委屈、受伤。

女儿小时候，我们一家吃饭的时候，喜欢闲谈一些有趣的事儿，谁说话风趣幽默，谁就最受欢迎，谁说话一本正经，谁就受到嘲笑批评，以此来培养孩子的幽默感和自嘲能力。后来，女儿渐渐大了，我们谈的话题，就越来越宽泛了，但无论谈什么，我们都很平等地征求一下女儿的意见，听听她的"高论"，即使她谈得比较幼稚、肤浅，我们也都表示理解和尊重。女儿进入高中后，需要及时了解时政新闻，所以我们吃饭的时候，一般都打开收音机，听中央台的广播新闻，然后对一些热点话题，大家各抒己见，加以评论。

人际关系中，沟通就像机器中的润滑油一样，没有它，就会死机。亲子关系也不例外。由于成长的环境、时代不同，看问题的角度、方式不同，亲子之间如果不好好沟通的话，很容易形成代沟、造成隔阂，严

重的，还会带来伤害。但采取什么方式沟通、如何沟通、沟通有什么技巧，这些问题很值得父母根据自己孩子的特点、性格，去思考、去摸索。

很多家长总觉得自己是"过来人"，懂得多，拿自己的认知当权威，不容置疑，而觉得孩子年龄小、见识少、不懂事，没必要和他们平等交流、协商。他们喜欢说："我吃的盐比你吃的饭还多，我过的桥比你走的路还多，你懂什么？"他们喜欢用命令、说教、指责、威胁等口气，直接对孩子下达要求。"你应该""你必须""我命令你""你不许""你笨蛋""我警告你"等等这些简单粗暴的语言，让孩子产生了逆反心理，把孩子与父母之间的沟通桥梁堵死了。这往往是造成家庭矛盾和冲突的导火索。

孩子是"人"，不是执行父母命令、完成父母意愿的"物"，他们有自己独立的人格、有自由选择的权利，这是很多家长没有认识到的"常识"。所以，在家里，不管碰到什么事情，父母和孩子都应该在真诚、平等的前提下，认真交流，心平气和地商量。

在教育孩子的问题上，我先生在孩子很小的时候，曾经有过一点小错，比如拔苗助长、望子成龙、急于求成、性格急躁等毛病。后来，在我的"洗脑"和引导下，他慢慢学会了用耐心细致的方式，和孩子交流。

伴随着孩子的成长，实际上，家长的性格、能力、认知等各方面也在不断改进、成长。孩子和家长其实是在互动中共同进步的。

从孩子一出生，我们就确定了，孩子也有自己独立的人格，家长要像尊重成人一样平等地对待她、尊重她，任何事情都要与她坦诚交流、友好沟通。在这方面，我先生做得很好。他能虚心接受大家的意见，有错就改，更勇于向孩子承认错误，向孩子表达真诚的歉意。

平时，我先生有什么想法，看到什么有意思的事情，都喜欢与女儿坦率地交流、沟通。比如，他今天在广播里听到了什么新闻，在报纸上

看到了什么有意思的文章，他都会讲给女儿听。哪怕是他在早晨锻炼的时候，看到一棵树结了什么奇怪的果子、见到了什么美丽的花朵，他都会特意抽出时间带女儿再去看看。所以，即使他在女儿的教育上，曾经有过一些操之过急的行为，但在女儿的心里，从没有留下任何阴影、造成任何不良的后果。他无微不至的关怀与爱，让女儿备感幸福。良好的沟通，让女儿和他的感情一直非常亲密。

长期以来，我们已经形成习惯，无论孩子说什么，我们总是给予热情的鼓励、积极的引导，从不否定她、指责她，所以，孩子有什么心事、碰到什么问题，事无巨细，总是第一时间告诉我们。自她初一住校以后，她平均每天都会给家里打一两个电话。有什么高兴的事儿，她会在第一时间与我们分享；碰到了什么问题，她也总是第一时间向我们征询意见。

她打电话来，百分之七十以上都是这样的开头："郁闷啊——""超纠结啊——""完蛋了——"开始的时候，我们接到这样的电话，还胆战心惊的，以为她遇到了什么大难题，后来才知道，这是她的"口头禅"，她说的都是一些微不足道的小事情，有可能是不太如意的，但她一点儿也没放在心上，自己还在电话里嬉皮笑脸的。她实际上只是想找父母倾诉一下，从父母这里得到一贯的支持和安慰。而碰到需要做出选择的时候，比如是否参加某种活动、选什么样的选修课、去不去参与某种竞赛，等等，我们都是在详细地为她分析完利弊的情况下，让她自己做出选择，而且告诉她，将来不管碰到什么结果，都不要埋怨，要学会自己承担责任。

不过，无论我们和女儿之间如何亲密无间，哪怕我们的沟通已经变得像移动通信一样，随时随地了，哪怕我们在大多数情况下，已经心有灵犀了，我也知道，人与人之间总是存在差异的，至亲之间也是如此。再好的沟通也只能让我们互相体谅差异、理解差异，而无法填平一切差异，实际上，也无需填平——因为每个人都是独立的，都是不

同的，这是构成世界丰富性的前提，也是推动社会发展和时代进步的动力。

倾听差异、尊重差异、保持差异，这就是平等沟通的"底线"。

教育启示录

1. 良好的沟通是教育的基础和感情的纽带。

2. 做家长的，要学会平等地与孩子沟通，要学会倾听，学会尊重差异。

3. 只要沟通顺畅，亲子之间的矛盾就能化解，感情就能增进。

第十三章　让全家人在教育上形成合力

问题思考

1. 当家庭成员的教育观念有矛盾的时候，怎么办？

2. 打孩子为什么是家庭教育的"高压线"，触碰不得？

3. 父母应该怎样纠正自己在教育子女时犯下的错误？

4. 与祖父母住在一起的家庭，应该注意什么问题？

在家庭教育中，每个人的观念并不是完全一致的。对父母来说，由于各自的遗传、背景、成长环境、性格习惯不同，可能在教育理念上也会发生矛盾。这些矛盾不仅会给孩子在成长中带来困惑、无所适从的感觉，也会给家庭带来危机，甚至严重影响到家庭氛围和夫妻感情。如何处理好各个家庭成员在教育观念上的这些矛盾，绝对是家庭教育中至关重要的一个环节。

拿我们家来说，我自小成长在一个有民主作风的知识分子家庭里，与孩子平等相处、不强迫孩子、尽量满足孩子的各种要求、不打骂孩子等等观念已经被我视为理所当然。而我先生从小成长在一个较为保守、传统的农村家庭，他的父母在孩子的成长过程中有不少封建观念，比如父母的话永远是对的，无理也有三分理，比如打骂孩子没什么大不了的，比如在教育孩子时，爱拿自己的孩子与别人的孩子做比较，等等。所以在我女儿兰兰出生之后，我和我先生在教育观念上开始也免不了有一些小矛盾、小摩擦。

但我的办法，其一是洗脑，随时随地，铺天盖地，力争用正确、科学的教育理念，统一全家人的思想。

枕头风也好，平时随意聊天也好，我总是抓住一切可能的机会，将我的教育理念大肆宣讲。我启发先生，让他感觉自己在成长中所受的委屈，让他明白父母简单粗暴的教育方式，曾经给他带来的心灵伤痛。虽然我们可以原谅自己父母的局限，但我们决不能让孩子重蹈我们的"覆辙"，特别是不能给孩子的心灵留下什么阴影。

我不断地强调，孩子的心灵就像一堵雪白的粉墙，我们只能尽可能在上面描绘美丽的图画，绝不能在上面留下一只钉子。因为就算钉子能被拔去，但会留下永远的疤痕。

在我"和尚念经"般强大的洗脑攻势下，我先生的教育理念不仅大为改观，甚至有点"矫枉过正"，对女儿显得过分宽大和迁就，有时候到了有点纵容的程度，这时候，我又不得不矫正他有些溺爱的行为了。

发展到后来，我早已不讲自己的那套教育理论了，而我先生逢人就讲什么"孩子是没有错的，有错的话，都是父母的错""要尊重孩子、信任孩子、欣赏孩子""不要拿自己的孩子与别人的孩子做比较""要对孩子说，在我的心中你是最棒的""成人比成材更重要""在孩子的成长中，幸福快乐是第一位的""不要不平等的孝，而要平等的爱"等等诸如此类的道理。他还到处以自己为"反面教材"，告诉那些做父母或将做父母的亲友，一定要学会尊重孩子、赏识孩子。

我看在眼里，喜在心里。哈哈，看来，被我洗脑的这个人，已经在到处给别人洗脑了！

其二，尽量不在孩子面前发生矛盾。

父母对一些事情的看法不可能完全一致。例如，先生喜欢带女儿去做一些在我看来有危险的事情，比如去郊外探险、练习男孩子玩的那种滑板、学习骑马，等等。而我觉得，对女孩子而言，文静一点、胆小一点，不算什么缺点，我不太喜欢女孩子做什么冒险行为，也因为安全问题，在一些事情上显得谨小慎微。

当父母的观点不一致时怎么办呢？我往往选择当面不置可否，不与先生发生争执，而在背后与他好好沟通和商量。在这些父母意见不统一的事上，最后我们往往会听从女儿的意见。如果她有兴趣的话，就让她积极参与，但"保险措施"总是在我反复的叮嘱和唠叨之下，被格外地加强又加强，确保万无一失。

孩子出生后，很长一段时间，我们一直和我的父母住在一起。外公外婆在孩子的教育上，虽然大体与我的观念吻合，但在一些具体事情上，还是与我们存在"代沟"。比如，他们看重学习，对学习成绩比较在乎，而对孩子的体育运动、综合素质的培养，往往有忽略的地方。孩子放假时，我们爱带孩子出去旅游，而外公外婆就害怕耽误了学习时间。我们带孩子打网球、练剑术、跑步锻炼时，他们又担心孩子玩得太累，身体吃不消。在一些玩的、用的、穿的东西上，他们往往以实用为

主，显得过于朴素，缺乏时尚的审美眼光。对网络、电脑等现代通信工具，他们比较隔膜。对一些时尚潮流和开放观念，他们也存在排斥的心理。

在这些事情上，我虽然不当着孩子的面，与他们发生争执，但我依然确定了一条"原则"，那就是，孩子的教育以父母的意见为主导，外公外婆的意见只作参考。因为他们毕竟是老人，不可避免地带着他们那个时代的烙印，在观念上有保守、刻板、怕变化、信息不灵通、不适应现代要求等等的倾向。而作为年轻的父母，我们确实比他们更了解时代，并且已经在各方面超过了他们。

所以，我很早就和我的父母沟通好了，在孩子的教育上，我和我先生唱主力，希望他们尽量配合我们的意见，如有不同意见，背后沟通，不要当面拆台，从而在家里形成一种互相支持、和睦融融的温暖气氛。而他们的任务主要是在生活、后勤方面，保障全家人的营养和身体健康。在饮食、卫生、保健方面，我们又尊重他们的看法，以他们的观念为主导。这样的"教育分工"，让一家人都发挥出积极的作用，又避免了矛盾的发生。

其三，一旦错误发生，绝不让它在孩子的心灵上留下创伤，也绝不轻易原谅大人的过错。

兰兰的爸爸是个少见的对家庭、对孩子格外看重的人，但由于看得过重了，偶尔就有"爱之切，责之切"的心理，在急躁的情绪下，发生过一两次"过激"行为。

有一次，兰兰去打网球，我和她爸爸说好了接她的时间，但临时她爸爸有工作上的事情要忙，好不容易等他忙完了工作，路上又遇到了大塞车。先生心疼女儿饿肚子，心里特别着急，又因为女儿没带手机，无法联系，还没带钱包，不能自己回家，只能站在约好的地点眼巴巴地等我们。而那是一个比较冷的日子，我们很担心打球出了一身汗的女儿，在寒风中冻感冒了，这一切都让我们变得愈发焦虑。一路上，我见先生

的眉毛越拧越紧，只好不断地宽慰他。

等我们紧赶慢赶、心急火燎地来到女儿等候的地方，已经是晚上七点多了，天已经完全黑了。黑暗中，女儿穿一身打球的短装，抱着一只球拍，瑟瑟发抖。一见到我们，她就不断地抱怨我们。开始，她爸爸还跟她解释，后来他也急了，声音也大起来。这让受了委屈的女儿更觉委屈，于是一气之下，她就赌气不吃晚饭，要直接赶回学校。这让心疼女儿的爸爸，愈发自责和心疼起来，他一再劝说女儿去吃晚饭，可女儿的任性上来了，我们怎么好言相劝都没用。

突然，她爸爸大叫一声，发火了。他说女儿太不懂事，不能体谅父母的心情（实际上，她爸爸还是心疼她饿肚子）。回到家，他又继续发火，越说越气，居然在女儿的后背上重重地拍了几巴掌。我赶紧冲上去，把他拉住了。女儿伤心地哭着。我把激愤中的先生劝住，让他一个人待在一间关了门的房间里，平息心情，又让女儿先去冲凉。然后我找了一点巧克力、饼干之类的东西给她充饥。

我小声地劝慰女儿，为她爸爸开脱着，说爸爸打人虽然是错误的，但他确实是心里太着急了，太关心你、看重你了，所以才会有过激的行为，而你呢，又确实太任性、太倔强了。女儿在我的劝说下，平静下来，也认识到自己刚才没有很好地体谅父母。性格开朗的她，心情一会儿就雨过天晴，没事了。我带她上街买了一些水果，把她送到了学校。

等家里只剩下我和先生的时候，我立刻严厉地对先生不冷静的行为给予了批评。我流着泪，痛心地说，对我来说，这是一个极为严重的错误，在我的家庭里，在父母和孩子的冲突中，居然发生了暴力行为（虽然那不算严重），但事情的性质就是这样，孩子犯的是错，而父母犯的是罪（我把一切动手打孩子的行为，定义为犯罪），所以，我不会原谅他的"罪"，希望他能深刻反省，汲取教训。为了加深他对"暴力"行为的罪感，我提议，和他"分居"一段时间，直到他能真正意识到自己行为的可怕，直到他能真正"痛改前非"。

　　实际上，这次行为在我的心里，并没有我说的这么严重。我之所以用如此夸张的"分居手段"处理它，是想让我先生留下一个刻骨铭心的记忆，让他从此不再犯这样的低级错误。当然，我在心里也确实把动手打孩子的行为（尤其是打一个女孩子的行为），视为家庭教育的"高压线"，触碰不得。

　　冷静下来的先生，此时后悔莫及，他也痛心地流着泪，为自己的行为深感难过和自责。

　　第二天中午，我先生就买了一些礼物送到学校，向女儿真诚地道了歉。女儿原谅了她爸爸，承认自己也有过错。两人紧紧地拥抱在一起，似乎比往常更体会到了彼此感情的深厚。

　　此后的很长一段时间，在我和女儿晚饭后的散步聊天中，我都会有意回忆她成长中和爸爸的一些往事，那些温馨的画面，回忆她爸爸对她无限的关爱、琐细的照顾。女儿被那些最真挚最热烈的关爱包围着、感动着，在幸福中，对爸爸冲动之下犯的错误早就忽略不计了。而我欣慰地发现，这些小插曲发生过后，他们父女的感情会更亲密，女儿也更懂事、不那么任性了，而她爸爸呢，此后真的再也没有发过脾气。

　　说到"打孩子"问题，我想补充一下。前些日子，我无意中在电视上看到了一档节目，介绍有个"狼爸"，以"打孩子"为荣，提出什么"三天一顿打，孩子进北大"。我看后相当震惊。在21世纪的今天，居然还有这样的家长、这样落伍可怕的教育方式，居然还拿到电视台讨论，居然还有人赞同。不说这样粗暴、功利的教育方式，会给孩子留下多少心灵伤害和人格缺陷，会剥夺他们多少成长的快乐和尊严（也许，他的孩子心理素质极好，对此可以忽略，不过，我持怀疑态度，我以为伤害总会有，只是程度深浅而已）。单是那句口号，就不值一驳。

　　就算把孩子打进了北大，又怎么样呢？难道进北大、清华，就是我们人生的目的吗？这些名校学生不也有自杀、犯罪的吗？不也有找不到工作、一事无成的吗？进了北大，就能保证孩子一生幸福吗？就能让孩

子成为一个仁义、正直、诚信、开阔的人吗？

教育的目的，是要培养健全的人格、实现幸福的人生。进名牌大学，只是人生诸多道路中的一条。有太多的幸福和成功，还有其他的道路可以选择。怎么能本末倒置，把这么小小的暂时性的荣誉，当成了教育的目的，并为此让孩子牺牲掉那么多的快乐和尊严呢？更何况，绝大多数进名校的孩子，都不是出自棍棒教育的。

看了这档节目后，我似乎明白了，为什么现在的社会充满了一种暴戾的氛围。所有的暴戾之气，都是从这些崇尚暴力的家长身上发端的。按照一般情况而言，在这样的环境里长大的孩子，他们的心理都会有不同程度的压抑和扭曲，而且他们长大后，也会将这种压抑和扭曲，以种种方式，有意或无意地投射到他人身上。

据说，"狼爸"打孩子是有一定限制和规矩的，而现实社会中还有一些更"狼"的父母，打孩子随心所欲，令人痛心。这些父母的可怕，不仅在于暴力，更在于对暴力的合法、合理、合情化。不以暴力为耻，反以为荣，且打着一切为孩子好的幌子，不把打孩子看成暴力。

而孩子出于天然的对父母的情感与依恋，是很难真正对这种行为加以批判和否定的，他们总会在内心里，一边暗自吞咽伤害，一边为自己的父母找出各种开脱的理由和合乎情理的解释。因此，暴力这种丑陋的行为，在双重的宽容和谅解中，得以大行其道，并且还能代代相传。

一般情况下，"狼爸"的孩子长大后，为了安抚自己曾经受过的伤害和压抑，补偿自己幼年时期在尊严和情感方面的缺失，更为了在打击之后保持一种自信，他们在内心里会不自觉地极力说服自己，父母当初的粗暴行为是正确的（如果说服不了自己，他们的人生信念非常容易坍塌，情绪也非常容易消沉或暴戾，很容易感觉不幸和自卑）。所以，等他们有了子女后，很有可能会成为另一个崇尚"棍棒教育"的"狼爸"，并也会偏执地给自己的行为找出各种正当理由。实际上，他们之所以这样固执，最深层的原因，是想在子女身上，平衡自己幼年时期所受到的伤害和尊严的缺失，并不断地强化说服自己的理由。而这一点，他们自己是很难

意识到，也不愿意承认的。

后来，我在网上搜索了一下关于"狼爸"的介绍。果然不出我所料，他就出生在一个"暴力"家庭，他的母亲在他的成长期，就是以更严厉的棍棒教育来对待他的。其严酷程度，令我瞠目结舌。当我看到这个信息时，我的心猛地一阵酸楚和同情。一切的疑问似乎都有了答案（以我的推测，再往上溯源，他母亲的暴力行为，恐怕又与她从小受到的棍棒教育的伤害、情感和尊严的缺失或目睹的暴力有关）。

我真的希望全社会都行动起来，认识到这个问题的严重性，切实落实未成年人保护法，将一切摧残孩子尊严、自由、人身的暴力行径，绳之以法，如果还未到触犯法律的程度，那也应受到全社会的谴责。

我更希望，所有的孩子，都能理直气壮地捍卫自己的尊严和人格，克服愚孝和奴性思想，对家庭暴力大声说不！而我们所有的人，都要反省自身，加强修养，提高素质，从自己做起，从现在做起，斩断暴力链条，杜绝一切暴力！

文明的家庭、社会，一定是一个没有暴力、互相尊重的家庭、社会。

教育启示录

1. 家长在孩子的教育理念和方式上，尽量取得一致。如果有矛盾，应在背后协商解决，避免在孩子面前发生争吵，让孩子无所适从。

2. 将打骂孩子的行为，视为家庭教育的"高压线"，不得触碰。但也不能溺爱孩子，原则问题不向孩子妥协。

3. 在孩子的成长过程中，家长的教育方式也是在磨合中不断改进的。家长要不断地总结、反省、学习，与孩子一起成长。

4. 孩子的教育以父母的意见为主导，祖父母或他人的意见只作参考，形成一种相互支持、其乐融融的家庭氛围，以避免互相拆台、各有说法的矛盾局面。

第十四章 从小就过"物质关"

问题思考

1. 怎样教育孩子正确认识物质、财富、金钱?
2. 当孩子面对学校或社会上的虚荣、炫富、比阔之风时,家长应该怎么做?
3. 如何让孩子明白解决生存问题、自食其力是人生最基本的任务?
4. 怎样教育孩子做金钱的主人而不是奴隶?

　　有句老话说：男孩要穷养，女孩要富养。这里涉及到一个有关物质的话题。物质和精神，是构成幸福人生最重要的两块基石，缺一不可。物质是个世俗的话题，却是人生中无法回避的基础大事。如何正确认识物质在人生中的作用，如何看待、获取、支配财富和金钱，这是人生的大课题。随着社会的多元化，多种多样的财富观和金钱观，在不违反法律的前提下，都是可以并行不悖的，不过，我想结合自己的成长和教育女儿时取得的一些经验和教训，谈谈我对这个问题的一些独有的看法。

　　我出生在60年代末，成长期贯穿了整个70年代和80年代初期。总体上看，那是一段物质比较贫乏、精神比较单调的岁月。特别是我小时候，整个社会对物质有一种极度轻视、排斥的态度，提倡"越穷越光荣"。人们一般都将财富和金钱看成"铜臭"，是资产阶级的腐朽产物。一个在物质上有想法和追求的人，就是低级趣味的人，是自私自利的人，把人的正常物质欲望当成"毒蛇猛兽"，加以防范和遏制。所以，那时候的人，都羞谈金钱，以追求物质利益为俗、为耻。

　　我的父母受当时环境的影响，加上本身还有知识分子那种"君子言义，小人言利"的清高，所以对物质的认识也是片面的。他们总是教育孩子，人活着就是要有精神、要为社会做贡献，追求物质私利是可耻的，物质和金钱是恶俗的东西，不应该多考量，生活上越朴素越好。

　　在这样的家庭教育下，很长一段时间里，我对物质也有蔑视的态度，很少考虑生计问题，对金钱和财富也没有什么概念，生活上以朴素、简单为美，似乎是个不食人间烟火的人。但凡与人谈论到金钱话题，还会不自觉地感到脸红，有一种莫名其妙的羞耻感。等我走上社会后，就显得特别落伍，不适应时代，这也给自己造成了一些尴尬和困惑。

　　随着市场经济的发展，商品化大潮席卷而来，这些年来，财富和金钱在生活中的地位突兀而起，社会似乎从一个极端走向了另一个极端：财富榜成了这个社会最让人艳羡、最引人注目的"金榜题名"。很多人

在这样的潮流中，迷失了自我，变成了赤裸裸的经济动物。他们似乎已经搞不清楚，一个人到底是真的需要那么多的物质，还是焦虑、虚荣、空洞的内心造成了错觉？

正如，压抑人类正当的物欲，是一种对人性的伤害，而这种对物质的变态追求，也是对人性的另一种伤害。我认为，健康的人性，既需要坚硬的物质，也需要柔软的精神，在金钱和财富之外，还有一些更有价值的东西，是人性必须的滋养。

社会上流行着一句话：金钱不是万能的，可是没有金钱是万万不能的。这话说得颇有道理。女儿出生后，我们在物质上对她是不要奢华，但求丰富，不让她在物质上有什么遗憾的地方。虽然我们自己在生活中都比较简单随意，但对孩子还是尽量满足的。因为我觉得，对于一个女孩子，富养还是很重要的。这不是性别歧视，而是各有侧重点。

男孩子穷养，强调的是，从小培养他们独立自主的性格和吃苦耐劳的意志；女孩子富养，强调的是，从小培养她们在物质面前的大气从容、面对诱惑时的平静坚守。而平淡是需要建立在绚丽之上的，优雅是需要建立在富足之上的。所以，我们总是不断地告诉女儿：物质这东西，就是给人用的，人应该支配它，而不应该受它支配。从小培养她对物质的"淡然"和"无所谓"。

很小的时候，我们每个星期就会给她不少的零花钱，过年时亲戚朋友送给她的压岁钱，也放在她的抽屉里，随她自由支配。只要不过分，她提出的物质上的任何要求，我们一般都尽量满足她，让她从小对金钱就有一种"小康"的感觉：宽裕、滋润，但不奢侈、浪费。

她因为性格大大咧咧的，在学校里经常会弄丢东西，比如MP3、网球拍、棉衣、钱包、手机什么的，我们知道了，只是提醒她下回小心，从不责怪她，反而安慰她：那些拿她东西的人，一定比她更需要这些东西，物质嘛，就是流动的，不用放在心上。

平时生活上的日常消费，我们一方面告诉她，只要不浪费、不图虚荣，该买什么就买什么，不用节省，你需要多少父母就给多少；一方面又告诉她，任何时候，节约都是一种美德，是一种绿色生活方式，只有那些暴发户才会炫耀和浪费物质。在我们的教育下，女儿对金钱的态度特别大气、自然。她既明白金钱的重要，又不把它太当回事。

当然，这中间也是有故事可说的。女儿一上初中，我们就给她买了"小灵通"，以方便她随时跟家里保持联系。之所以选择"小灵通"，而没有选择手机，是因为有消息称，"小灵通"的辐射比手机小。可是用了一个学期后，女儿突然说不要"小灵通"了，要我们给她买手机，理由是同学们大多用的是手机，而且都是最新款的，"小灵通"显得土，同学们可能会因为这个，瞧不起她。一向在物质上对女儿尽力满足的我们，当时一致对女儿的要求予以了拒绝，我们甚至还批评了她。原因是，从她的理由中，我们看到了她的虚荣。

我们告诉她：物质只是手段，绝不是目的，不管是手机也好，还是小灵通也好，目的只是一个，那就是与外界保持联系。如果一个同学因为她用的是小灵通，而瞧不起她，那么这个同学本身就是一个浅薄之人，不值得多跟他交往。

女儿听了我们的批评后，伤心地哭了。她爸爸心疼女儿，马上就做了妥协，暗中买好了手机，准备送到学校去。而我坚决予以了制止。我说，这是一个原则问题，是让孩子懂得什么是物质、什么是虚荣的最好时候，我们不能心软。

过了几天后，女儿打电话回家，说她想通了，不要手机了，本来嘛，一部手机，哪怕再高级、再时新，还不是用来打电话的，有什么好炫耀的呢？听了她的话，我对她大大赞扬了一番。当天晚上，我们就把手机送到了学校。我们告诉她："一部手机算不了什么，如果是真正需要的东西，哪怕是比手机贵重得多的东西，父母也会买的，我们不是不愿意给你买手机，而是想通过这样的方式告诉你，你可以要物质，但不可以要虚荣。现在你通过了我们的考验，这部手机就是你的

奖品。"

那天晚上，女儿感到很意外，也懂得了父母的一番苦心。从那以后，女儿对物质和金钱的认识，又上了一个新台阶。她变得那么大方、潇洒、随意，既不清高、扭捏、故作姿态，也不羡慕别人的奢侈、富有。

该买的东西，女儿出手阔绰，不该买的东西，她不浪费。一上高中，她就自己到商店买衣服、鞋子、护肤品，不追求名牌，但很讲究东西的品质。平时，在家里吃到什么好吃的零食、水果，她总要挑出最好的，带到学校里，说是给那些"常住生"（即外地同学，平时不能回家的学生）吃。父母与亲戚朋友们来往时，她总是嘱咐要把家里最好的东西送给别人，而把一般性的东西留给自己。

说到这里，我想强调一下：可别小看了虚荣心在孩子中的危害！不少孩子变坏，都是从虚荣心开始的。报纸、电视上报道的很多少年犯罪和家庭悲剧，也是由此引发的。

现在，社会上的一些不良风气很容易传到学校。学校里也会出现炫富、势利、追求名牌等现象。而孩子因为年幼，很难看清和抵制这样的坏风气。如果家长不能及早发现苗头，将正确的消费观、物质观、是非观告诉孩子，给孩子树立一种清晰的"边界"，不允许孩子"越界犯规"，那么，这个孩子会很容易受潮流影响，沾染上比阔、虚荣、势利的坏习惯，有的甚至会走上犯罪的道路。

一个简单有效的办法是：只要家庭条件许可，对于孩子提出的一切正当物质要求，家长都要尽量予以满足，不要让孩子有捉襟见肘、匮乏局促的难堪和自卑；但另一方面，对于孩子提出的一切虚荣、浪费、奢侈的要求，一律坚决制止，绝不动摇、心软、妥协。

同时，家长还要经常告诉孩子：哪些是真正的光荣，比如勤劳、自尊、自立、自信、节约；哪些是真正的浅薄，比如炫耀、浪费、虚荣、

追风、势利。另外，还要告诉孩子，一个人真正宝贵的财富，是他（她）的精神、修养、美德和胸怀。

最关键的一点是，家长自己要有正确的物质和消费观念，不贪慕虚荣，不唯利是图，不过分追求名牌，不过分看重金钱，不盲目追赶潮流，不势利，清正为人，潇洒做事，以一种安康、平实、和谐、知足的家风，让孩子受到耳濡目染的影响。

只要家长坚持一段时间，孩子自然就能学会分辨物质和虚荣、需求和欲望之间的界限了，也就不会受到各种不良风气的毒害。

有天，我接到女儿的电话。她问我："妈妈，今天有很多毕业班的住校生，离校前将她们不要的东西，丢在宿舍的过道里，我看了，很多都是新的，好可惜啊。其中有几只毛绒小动物，特别可爱，我想捡回来，不知能不能这样做哦？"

我告诉她："宝贝，别人丢掉的东西，你捡回来用，这当然没关系了，没有什么难为情的，说明你懂得节约嘛。不过，那些东西不知道干净不干净的，如果你想要的话，一定要先洗干净了，还要放在太阳下暴晒。你自己看着办吧。"

后来，女儿回家的时候，果真带了两只可爱的毛绒小熊回来，洗得干干净净的，像新的一样。女儿说，那就是她在同学扔掉的垃圾里，"淘"出来的宝贝。她说得很坦然、很快乐。实际上，家里的毛绒玩具早已多得能开个"动物园"了。不过，她对这两只从垃圾堆里捡回来的玩具，依然爱不释手、同等看待。

自从有了这一次大胆、皮厚的"捡垃圾"的经历，女儿对金钱的态度，似乎更为洒脱。有一次，我们聊天的时候，谈到了现在就业的难度，连大学毕业生也不好找工作了。她突然认真地对我说："妈妈，你不要为我担心，今后我就是捡垃圾，也可以养活自己的。我这个人啊，能上能下，富日子就富过，穷日子就穷过，反正什么样的生活都能过的。"

那一刻，我真是无比的动容。我不知道，我那小小的女儿，能有这样开阔大气的想法。富贵也好，贫困也罢，在她都是一种人生体验，丝毫影响不了她那晴空碧海般的心境。

女儿喜欢北宋大文豪苏东坡的性格。她曾认真地读过林语堂写的《苏东坡传》，在书上做了很多笔记。写作文时，经常借苏东坡为范例，表明她崇尚苏轼那一种旷达乐观的人生态度。

在看了很多慈善家的故事后，女儿的财富观又发生了飞跃。她觉得，一个人活着，如果只为一己的利益，是非常可怜和狭隘的。她将孟子说的一句话"穷则独善其身，达则兼济天下"，牢记在心里。虽然她只是个学生，但她积极参加一切爱心慈善和公益活动。

小学时，她曾捐钱给广西的贫困小朋友，与她结成了"帮扶对子"。高一时，她还曾担任班级的义工队队长，组织同学们到大学的资料室参加义务劳动，为灾区小朋友组织义卖活动。高二时，学校组织同学们去贫困的清远地区学农，她不仅为五保户老奶奶捐款，还到当地小学参加支教活动。学农结束后，她和当地农民还保持着联系。有一年端午节，她还特地拉上我们，驱车几个小时，一路颠簸，专程来到农民家里，给他们送去了钱和礼物。地震、水灾等灾难来临时，我女儿都会用自己的压岁钱、零花钱，积极为灾区捐款。虽然她的力量还很微小，但她认为，爱的关键在于一颗心的真挚和热忱，涓涓细流，定能汇成爱的海洋。

看到女儿对于金钱的态度，我很欣慰。我知道，她已经过了"物质关"。这是多少人都难以跨越的关口啊。

关于"物质"，我以为，首先要认识到，贫穷绝不是一种光荣。捉襟见肘、入不敷出的状况，对每个人来说，都是一种束缚和无奈。对物质的轻视，是一种可怕的心理扭曲和自欺欺人。

我们应该从小让孩子知道：生计问题永远是人生最基本的问题。无论对国家还是对个人来说，超越贫穷、战胜贫穷，都是一项伟大的事

业。人生的第一要务，就是要解决生存、解决温饱，自力更生地获取衣食。而这并不是一件轻松的事情，需要付出艰辛的劳动、汗水和智慧。只有解决好了生计问题，我们才能在此基础上，实现自我，实现理想。

同时，我们还要告诉孩子：财富是构建幸福人生的基石之一，是我们获取幸福生活的途径之一，只是，它本身并不代表着幸福，更不是生命的意义所在。它只是我们赢得人生、实现梦想、获取自由的重要手段，但绝不是目的。在追逐财富的过程中，我们很容易被这种恼人烦人累人又迷人的追逐本身所纠缠、所迷惑，从而忘却了我们真正的目的是什么。

关于财富，我曾写过这样的一篇短文，给女儿看后，不少见地被她大为认可。所以实录如下：

世人对于财富都有这样那样的期盼。当你贫穷的时候，你想成为百万富翁；当你拥有百万财产的时候，你就会觉得，原来百万财产什么也不算，于是你就想拥有千万资产；当你如愿成为千万富翁的时候，你仍会觉得自己很穷，你想做的很多事情还是无法做到。那么，到底什么时候才能觉得够呢？到底拥有多少财产才算富人？到底什么样的人生才算真正的成功？随着时代的进步，我们渐渐意识到，很多有钱人，并不是真正意义上的富有之人，而贫穷，也不只意味着一个人物质上的匮乏。

怎样定义穷人呢？这是一个不那么确切的概念。单从物质的占有上，我们说，一个还没有解决温饱的人，一个仍在为生存而苦苦挣扎的人，大体上就是一个贫穷的人了。但是，一个已经拥有了大量财富的人，他就一定不是穷人吗？

其实，守财奴都是贫穷的。无论拥有多少财物，如果一个人把钱财的价值看得高于一切，舍不得付出和花费的话，那他一定就是个贫穷之人。花出去的钱，才是自己的钱，钱财只有在流通

中才能体现其价值，否则，它们只是你存单上的阿拉伯数字，只给你心理上的安慰，不构成实际意义。守财奴只是金钱的奴隶，而一个奴隶，哪里谈得上富有呢？

不愿意帮助人的人是贫穷的。有些人，他有钱、有地位，可是他对别人的苦难、困难无动于衷，就算别人有求于他，他也置若罔闻，生怕别人沾了他的好处，耗费了他的财物，耽误了他的时间和精力。他的眼里只有自己的那一点既得利益，唯恐失去，除此之外，似乎世界上的其他一切都与自己毫无关系。不愿意舍弃，不懂得付出，不明白分享的快乐，不知道慷慨的幸福，关键还在于内心里的虚弱和贫乏。

喜欢抱怨的人是贫穷的。一个人如果有事无事总是在抱怨中，抱怨自己的出身、环境，抱怨身边的亲人、朋友，抱怨自己的工作、待遇，似乎全世界都亏欠了自己，那么这个人，无论他拥有多少的财产，他一定还是一个极其贫穷的人。他的贫穷，是因为他的心不知道满足，他总是处在一种责怪、怨愤的不良情绪中，这山望着那山高，把自己的挫折、失意都看成了外界的原因，不能反省自我，不能超越环境。

计较狭隘的人是贫穷的。为什么你还在斤斤计较呢？为什么你对一些小事还在耿耿于怀、无法释然呢？那是因为你对自己还没有充足的信心，你还不够强大。计较，是因为狭隘，而狭隘，就意味着不富足、不宽裕。

不知感恩的人是贫穷的。有这样一些人，自己得到的一切他从不看重，他没有得到的东西，在他看来，却是最好的。他总是羡慕别人、嫉妒别人的成功。他不懂得，他拥有的一切，已经足够幸运、非常富足，值得他从心底去感恩社会、感恩生活了。一个不懂得感恩的人，是因为他还没有明白自己的富有，没有体会到自己的价值——所以，他还是贫穷的。

僵化不变的人是贫穷的。生命的本质就是变化，财富的本质就是流动。一个人，如果他害怕变化、害怕失去，他把一切都当做收藏品一样地死死抓在手上，那么，他的财富就变成了束缚自己的牢笼。要知道，世上没有永恒不变的财富，你守住的，也许只是僵死的陪葬，或者只是冰冷的数字。

没有情趣的人是贫穷的。金钱是我们享受生活的手段，而不是人生的目的。获得金钱，只是为了帮助我们更好地享受人生、实现梦想，提高生活质量，提升生活品位。如果本末倒置，为了追求金钱，丢掉了人生的趣味，丧失了心灵的自由和快乐，那么，我们的生活，不就成了用金钱打造的监狱？我们不就成了作茧自缚的可怜虫？

不懂得爱的人是贫穷的。爱，是这个世界上无法用任何东西衡量的珍宝。一个拥有真情真爱的人，便是真正意义上的富有之人。在爱的面前，无论你拥有多少财富，都无法和她进行比较——因为爱是无价之宝。爱的光芒能让最璀璨的宝石也黯然失色，爱的温暖也能让最平凡的风景成为永久珍藏。所以，无爱的人，就是这个世界上最可怜可悲的赤贫之人。

好了，定义了那么多贫穷的人，那么，什么样的人才算是富裕之人呢？虽然，我们并不知道他们的财产，但如果我们在生活中遇到了如下的人，那么，我们就可以断定，他是一个富足之人：

那些助人为乐的人，就是富人。

那些知足感恩的人，就是富人。

那些进取求变的人，就是富人。

那些怜悯宽容的人，就是富人。

那些充满爱意的人，就是富人。

——贫富原来就这么简单！

喜欢一句简短的话：无求就是贵，知足即为富。

真正的富贵，是可以自在悠闲地享受人生，身如水，心似月，流水无意，月满青天。

若心为物役，那么心灵怎么能快乐起来、自由起来？——不过，任何事情都是说起来容易做起来难的，都是旁观者清当局者迷的。我们永远做不到"不以物喜，不以己悲""赤条条，来去无牵挂"那种超然万物的真正的潇洒。因为我们是人，是充满了欲望与希冀的普普通通的凡人。我们时常会被人性的执著、贪婪、狭隘所困扰。不过，在困境和纠缠中，我们不要放弃努力，不要轻言失败。在和人性的局限、自我的局限进行一辈子的抗争中，我们仍然期望着，有那么一天，在所有的风暴、雷雨过后，生活能馈赠给我们那一种天高云淡、开阔明净的潇洒境界——这是我们能从生活那里得到的最高的奖赏。

这篇文章得到了女儿的首肯和称赞。在这个问题上，我们的看法高度一致。当然，这也是父母长期引导的结果。是的，我们做父母的，要时常提醒自己和孩子：物质是重要的，但我们要将物质当成手段而不是目的，让物质化为我们幸福生活的真正财富，让物质为我们的理想插上翅膀，而不是成为我们生命的桎梏。

教育启示录

1. 从小要让孩子知道，物质的重要作用，生计的基础地位。所谓"一茶一饭当思来之不易，一丝一缕恒念物力维艰"。

2. 财富是获得幸福人生的重要手段，但不是目的。在追求财富的过程中，要做财富的主人，而不是奴隶。

3. 对于生活，要培养一种能上能下、能苦能甜、能取能舍、能得能失的旷达的人生观和财富观。所谓"穷则独善其身，达则兼济天下"。

第十五章　带领孩子从挫折中走出来

问题思考

1. 如何帮助孩子从挫折中走出来?

2. 为什么既要让孩子保持虚心，又要让孩子保持自信?

3. 怎样帮助孩子认识和接受世界和自我的不完美?

4. 挫折和残缺在人生中的积极意义是什么?

在我的成长经历中，有一个教训是深刻的。长期以来，我一直天真地以为，这个世界是完美的，人生在自己的努力下，也是可以完美的。我无法接受残缺、忍受丑恶，在挫折、困难、别人的嘲讽或打击面前，往往会心灰意懒、逃避消沉。甚至仅仅是面对单调、平庸的生活，我也提不起一点劲来。我似乎爱的不是生活本身，而是它的完美。可是，这个世界上，哪有完美的东西呢？我说过，我的成长期无比漫长，直到中年，我才慢慢懂得了这个道理，接受了世界和自我的不完美。世界的本质就是光明与阴影的交错，人生的意义就是在残缺中发现善美。

对我女儿来说，她的成长，一直是一帆风顺的。由于我们的"放养政策"，她拥有了一个无比自由和快乐的童年。加上小学时的功课毕竟不多，我们又没让她上过任何课外辅导班，所以，在学习上，她也没有任何负担。当然，她的天赋也不错，各方面都能表现优秀。这样顺风顺水地升到了初中。女儿考上了全省最好的中学之一——华南师范大学附属中学，这个学校的初中每年只在全省招收两个班，整个初中部只有六个班三百人左右。这些同学都是来自全省各地的尖子生。

没想到，这时候挫折来了。因为这所学校兼为全省的奥林匹克竞赛学校，他们学的是奥数课程。班上的同学个个都身怀绝技，不仅在全国、全省奥赛中屡屡获奖，还经常被当做"种子选手"，进入国家集训队，代表中国参加国际比赛，并在国际上赢得大奖。而我女儿小学时从未学过奥数，跟那些特长生比起来，自然成绩平平，特别是奥数，有时居然是不及格。小学成绩一贯优秀的她，受到了有生以来最沉重的打击，自信心大为挫败。

她自己也在一篇周记中写道："来这里读书，我觉得就像在'自讨苦吃'。周围的同学都是学习'狂人'，成绩好得惊人。对于在学科方面不是天才的我来说，简直就是一种讽刺。再加上第一次离开父母住校，那更是雪上加霜。我感到很压抑，不得不承认，自己这一次是摔倒了。"

那时，我和她爸爸去学校看她，她一见到我们，就眼泪汪汪地控诉不想学了，要转学到其他学校。而我们呢，知道这是孩子受到挫折和打击之后的逃避心理，所以总是鼓励她，既让她树立信心，坚持学下去，又让她不把成绩当回事。

我们大大咧咧地和她嬉笑着、逗趣着，为她打气撑腰："在这种尖子学校，你能坚持下来，那就非常了不起了，就是大胜利了。把考试当成练习吧，不及格就不及格嘛，你想学多少就算多少，如果你还有其他的兴趣爱好，就去做其他的事情，反正无论你考多少分，我们永远都是你忠实的粉丝。"

我们又戏称那些奥数试卷，是"变态"试卷，除了那些"变态"学生，谁能做得出来呢？大学毕业生也做不来呀。从此之后，"变态课"在我们家就成了"奥数课"的代名词。提起"奥数"，我们一律用"变态"表示。

在我们的玩笑中，女儿的心情放松下来。她开始打网球、学剑术、练瑜伽，甚至还买来毛线，织起了围巾，做起了手工，说是要什么"DIY"。她终于把成绩的包袱放了下来，笑容又回到了她的脸上。出乎意料，她那刚刚入门不久的剑术，再融入一点自编的舞蹈，居然一路过关斩将，站到了全校艺术节的舞台上。

那天，我在台下，猫着腰给她拍照。她穿了一套大红的武术表演服，化着淡妆，束着腰带，头发高高盘起。正所谓"娉娉袅袅十三余，豆蔻梢头二月初"啊。台上，两个高中小哥哥正在合唱周杰伦的《菊花台》，而她则在那悠扬伤感的旋律中，持一柄长剑，翻转腾挪，舞出了飒飒秋风、飘飘落叶。我从心里为她欢呼，却不是因为她出了风头，赢得了掌声，而是因为，她终于能凭借自己的努力，从低谷中站起来。她的自信经受住了挫折的考验，化成了一枝傲霜的菊花，灼灼开放。

因为自知在奥数上竞争不过他人，我女儿就在自己擅长的功课，比如语文、生物这些课上下工夫，积极参加各种竞赛。后来，她的作文在

全国竞赛中得了一等奖，还在全省生物奥林匹克竞赛中获得了一等奖，这些成绩更让她看到了自己的长处，在挫折中树立了对自己的信心。

走出低谷后，她又在周记中写道："一提到自我欣赏，很多人都会联想到'自恋'二字。'自恋'是一种心理病，而自我欣赏，对我而言，却是我人生低谷的止痛药。每个人身上都有闪光点，只是看你会不会自我欣赏罢了。与其苦苦等待别人去发现你的长处，还不如自己想办法，让它发光发热。"

也就是带着这样的自信，女儿中考时，发挥出色，凭着优秀的成绩，又考上了这所学校的高中，与她的那些"天才"同学，继续着同窗友谊。当然，这次，她脱离了"奥数"的深渊，进入到普通班学习。

每个人都有自己的滑铁卢。如果说，"奥数"是我女儿的滑铁卢，那么，她没有被这个"滑铁卢"拖进深渊，而是扬长避短，通过自己的努力，建立起了自己的"凯旋门"。

其实，挫折带给人的，并不仅仅是打击和沮丧。初中时学业上的这次不小的"打击"，让我女儿懂得了一个深刻的道理，那就是：山外有山，天外有天，你永远都不可能事事都表现优秀的，无论在什么方面，都有人可能轻而易举就超过了你。所以，永远都要虚心（因为我们实在没有什么值得骄傲的地方），但永远都要自信（因为每个人都有每个人不同的光彩）。

前不久，我看过一篇报道，介绍一些从小在优越、富足的环境下长大的孩子，他们的父母一心想让他们幸福，从没给过他们任何压力，他们自己也在充足的关爱、理解、尊重、鼓励、自由中长大，一帆风顺，看上去完美无缺，可是长大后，他们也会出现抑郁、空虚、消沉、封闭等心理疾病。

这是为什么呢？依我看，他们缺就缺在没有经过挫折的打击，没有遭受过逆境的波折，轻而易举地赢得了一切，所以，他们对生活的理解

就会较简单狭窄，生命也缺乏饱满的深度、厚度和强度，缺乏顽强的意志和奋发的激情，耐受力小，心理比较脆弱。

因此，挫折，在人生中，就像炼钢时的淬火一样。如果缺少了挫折的考验，一个人不可能百炼成钢，焕发出绚丽的光彩。

一切的成功都是从认清自己、接受自己开始的。这个世界上没有一个十全十美的人。完美是做人的陷阱，我们只能不断地完善自我；而残缺是永恒的，任何人都有这样那样的遗憾、缺陷、痛苦、破绽、不堪。不要因自己的残缺而自卑、逃避，或者自暴自弃。你接受了残缺，那残缺就化成了属于自己的一个特色；你战胜了挫折，那挫折就变成了人生中宝贵的一笔财富。

你徒手画一个圆看看。没有一个人可以徒手画一个真正的圆。我们可以让白纸上的这个不规整的圆，越来越趋近于圆，但徒手永远不会画出真正的圆来。如果你为完美而活，那么你必定会不开心、胆怯、自卑、逃避，结果你离完美只会越来越远。

正确的态度是：接受自己，包括接受自己的一切缺陷，在此基础上，不断进取，力图超越。渐渐地，你就会发现自己心安了、放松了、自信了，你在接受自己的同时，已经将自己的残缺慢慢地改变过来。

不要期望别人的掌声。没有观众、没有掌声的人生，照样可以活得精彩。其实，所有的掌声都是短暂的，就像所有的舞台都要落幕一样，只有你在心里给自己的掌声，才是持久而真实的。在任何时候，都别忘了给自己喝彩，加油。

我们是残缺人生的泥水匠，要唱着歌、吹着口哨，开朗乐观地修补着人生的斑驳之墙。

1. 任何人、任何事都是不完美的，要接受自己，接受失败，接受打击。要明白，山外有山，天外有天。

2. 学会在挫折中发现自己的长处，扬长避短，给自己喝彩、加油，走出人生的低谷。

3. 面对孩子的不足和逆境，家长更要学会抛弃不合理的期望值，鼓励孩子，用乐观积极、实事求是的心态，帮助孩子树立信心、战胜挫折。

第十六章　顺利渡过叛逆期

问题思考

1. 当孩子出现叛逆行为时，父母应该怎么办？

2. 批评孩子时，应该注意哪些问题？

3. 如果孩子的叛逆无法及时纠正，父母应该抱有怎样的心态？

　　成长如蜕。结束了懵懂、天真的童年，或迟或早，每个人都会迎来这样的一段日子：对世界、对生活充满了无名的烦躁，内心燃烧着一团不息的火焰，却不知该如何发泄，看不惯周遭的一切，对平庸的生活深恶痛绝，总想突破什么、证明什么，却找不到出路，感觉自己是独立的大人了，可在别人的眼里，自己还是幼稚单纯的孩子……是的，这就是叛逆期的到来。这是每个人都必须付出的成长代价，就像一次精神的麻疹，必将伴随着眼泪、迷茫、痛苦、烦恼。

　　我女儿的叛逆期，是在小学六年级的时候，没有什么征兆就来了。那段日子，我突然感到，一贯乖巧的、喜欢和家人交流的孩子，突然变得陌生起来。她的额上暴出了不少青春痘，脾气变得暴躁。她拿自己的零花钱，在同学间到处请客，买各种毫无用处又浪费时间的小玩意，借各种大人都不敢看的"鬼故事"书整天看，把自己吓得晚上不敢一个人睡觉，却又管不住自己。她放学不回家，到同学家玩，羡慕人家的名牌服装和鞋子。凡事总和家长对着干，只要你说东，她一定说西……

　　怎么办呢？在短暂的焦虑之后，我选择了说理，尽量克制自己，避免发生激烈冲突。当然，更重要的就是，等待。这需要无尽的耐心。把道理说清楚之后，我依然鼓励她，对她说："你是一个好孩子，恐怕是压力大了，有点不适应，就像一个患病的人，调整调整就没事了。"周末，我和她爸爸便带她看电影、放风筝、到郊外游玩，在她无端发火的时候，我们选择沉默，等她自己醒悟、转变。

　　有那么几次，女儿学习学得厌烦了，她跟我说："妈妈，我再也不想上学了！"

　　我很平静地对她说："那你想干什么呢？"

　　女儿说："我就想玩。"

　　我说："那好啊，那你就玩呗。"

　　女儿说："那我以后就真的不上学了哦。"

　　我依旧平静地说："上学，是为了掌握知识、学好本领，是为了长

大后有立足社会的基础和能力，如果你觉得将来自己能够养活自己，可以解决生存的问题，那没关系啊，你自己想好了，自己做出选择，自己承担责任，长大后，你不要责怪父母就行了。第一，你要知道，父母是不可能跟你过一辈子的，长大后，你就要自己找工作，自己解决温饱。第二，走什么样的道路，有什么样的人生，都是你自己的选择，父母只是帮助你，不能替代你。"

实际上，女儿心里是知道读书上学的意义的，她只是在厌烦的时候，想以"不上学"要挟父母。但我的理智分析，给了她一个冷静的提醒：上学读书不是为了父母。是否读书，是每个人自己的选择，任何人都要对自己的选择负责，所有的任性行为，都必须自己承担责任，自己付出代价。如果父母这时候，跟孩子生气发火，非要孩子如何如何的话，反而会激起孩子的叛逆。父母如果平静下来，心平气和地给孩子讲明道理，让他自己选择，他反而也会冷静下来的。后来，女儿再也没有拿"不上学"来做要挟了。

可是，心情不好的时候，女儿又拿"不吃饭"要挟过我们。她借口外婆的饭菜做得不好吃、不合她的口味，任性地以"罢吃"吓唬大家。在几次劝说无效之后，外婆准备迁就她的口味，重新再做几道菜。而我坚决地加以抵制。

我对大家说："我觉得这顿饭做得很好吃，而且外婆花了那么多工夫为大家做饭，不管口味如何，我们大家都应该表示感谢的。你嫌饭菜口味不好就不吃饭，这是一种很不礼貌、很不懂事的行为。好吧，吃不吃是你自己的事情，随你便。我们现在来吃饭，等我们吃完了，就把桌上的饭菜全部收走。既然你不吃饭，说明你不饿，那么水果、零食你也不要吃了，待会儿我都会把它们拿走的。你自己看着办吧。"

我让家人都好好吃饭，谁也不要劝她、不要管她。结果，她在旁边嘟囔了半天，看我们大家都吃得津津有味的样子，谁也不理她，也没有一点通融的迹象，又不好意思地坐到饭桌旁。我知道她已经有悔改之

意，就给了她一个台阶，开了个小玩笑："哎呀，这是谁的肚子发出的声音啊？叽咕叽咕的，这么大！里面是不是藏了一只小青蛙啊？"

大家都笑了，女儿也笑了。饭桌上的气氛一下子轻松起来。我让母亲把桌上的汤再去加热一下，又征求女儿对菜式的意见，夸奖她对菜肴的鉴赏能力，对她"不吃饭"的任性举止再也不提。在一种活泼轻松的气氛里，给孩子留了面子，维护了她的自尊心。后来，她再也没有挑剔过家里的饭菜了。

这里想强调一下：对孩子进行批评之后，如果孩子已经认识到自己的错误，有悔过之心，那么就要给他（她）一个体面的"台阶"，让他（她）自己纠正错误，维护他（她）的面子和自尊。如果一味严厉、反复唠叨，反而容易让孩子产生"逆反"心理。再说，一个懂得自尊、有荣誉心的孩子，他（她）平时对自己的要求也会更高一些，言行也会更约束一点的。所以，千万不要伤了孩子的自尊！伤多了之后，孩子很容易变得反叛，或者自卑，更有甚者，自暴自弃。

另外，如果父母当中有一人对孩子进行了严厉的批评，另一方就不必"火上浇油"。可以既表明自己支持另一方的观点（这个，我已经在"让全家人在教育上形成合力"中讲过，父母要在教育上互相支持，不能相互拆台，一个在前面卖生姜，一个在后面说不辣），但在态度上，可以和缓一些，调节一下气氛，安抚一下孩子的自尊心，让他（她）既明白自己的错误，也可以顺着善意的"台阶"改正过来。

同时，家长们还要注意一个原则：批评孩子，对事不对人。孩子做错了事情，那么就严肃指出他（她）的错误所在，不要将错误无限扩大，上升到人格层面，否定他（她）整个人。比如，兰兰"罢吃"，我就分析了这件事情的错误在于任性、挑剔、不懂礼貌、不体谅别人，但我就事论事地批评完了之后，不会再生气地否定她整个人，不会上纲上线。事情改正过来就行了，孩子依然是好孩子。

在孩子叛逆的那些日子里，我的心总是绷得紧紧的，不知道女儿的身上到底发生了什么事情，每次想跟她谈谈心，她却什么都不说。我只得强忍着自己的担忧、焦虑和失望，尽量多鼓励孩子，不和她发生正面冲突。就这样过了一段时间，突然，有那么一天，女儿又是没有什么征兆地，变回了从前的好孩子模样。

后来，每每提到那段日子，她都不好意思地说："谁没有叛逆期呢？你们大人不是还有更年期吗？我经历一次，就终生免疫了。"

她还真是说话算话。初二、初三的时候，她见同班同学中有一些人出现了叛逆行为，还回家笑着说："这些人真幼稚，我现在不会叛逆了，早有免疫力了。"

对于这段往事，后来我才在整理房间的时候，看到她初一时写的一篇周记，真是不看不知道，一看吓一跳。在这篇名为《我的烦恼》的文章中，她这样写道：

我一向是个无忧无虑的人。说是无忧无虑，其实就是单纯、乐观。我的童年是一帆风顺的，几乎没有什么"烦恼"的概念。然而任何事物都在发展、在变化，当我升到小学六年级的时候，什么都不如从前了。

一切都是从开学时我无缘无故被选为班长开始的。那时候，班上正在流行一种"请客"的风气，我被裹在其中，经常被人拉去"胡吃海喝"一番。我自然是不能接受这种"待遇"的，只好每次都还钱给那些请我吃东西的同学。而我的零用钱显然是不能和那些父母都在经商的同学相比的，他们随便吃一次的钱，就是我好几天的零花钱了。

我不好意思向父母多要，开始想办法躲。我觉得是自己的"乌纱帽"惹出的祸，所以，就辞去了"职务"。但是，我错了。

班上有个"小团伙"。因为我的成绩不错，他们经常要我拿作

业给他们抄，我不敢拒绝，因为他们是一帮小混混，好像跟社会上的人还有来往。我成了"误入虎口的羊"。

到六年级下学期，我的成绩被他们那帮人"整"得下降了好多，而且，他们把班上本来隐秘的"早恋"公开，很多同学成了到处传播绯闻的"信徒"。我再次厄运难逃，被他们说成了好几个绯闻的主角。

首先，因为我家住在他们"大哥"家附近，那些"好心"的小弟们就给我戴上了一顶高帽：大嫂。唉，我有什么办法呢？其次，从我处的"地理位置"来看，也十分不利。我前面坐着他们的"三弟"，后面是"五弟"，隔一条走廊，旁边就是"大哥"。还好，我的同桌是女生，不然真是"十面埋伏"啊。于是，在传闻中，我就莫名其妙地跟他们几个"兄弟"扯上了关系。后来，更无厘头，说有什么中学生和我交往，而那人的名字我都没听过。

最后，我只好封闭自己，和哈利·波特一起学"大脑封闭术"，不去理他们，终于，在期末，我摆脱了出来。

我现在很快乐。当我叙述这些曾经令自己痛苦的往事时，我已经不害怕了。因为烦恼是泡泡，太多太大，它自己就会爆炸，反正，怎么样都困不住我的好心情。

女儿初一时的班主任在她这篇周记的后面，写下了"出淤泥而不染"的评语。而我看到这篇周记的时候，又是惊心又是庆幸又是感慨。真没想到，在我的眼里还是"BB仔"的女儿，居然经历了这么一段心路历程。我非常庆幸，自己当初选择了"耐心等待"和"热情鼓励"这样的教育方式，虽然有焦虑、伤心、失望，但都埋在了心里，没有跟孩子发生什么大冲突，从而避免了给孩子造成更大的压力。

由此，我想到一切叛逆的孩子，他们一定都有很多不为人知、也不愿意告诉家长的苦恼，一定也承受着巨大的压力。社会如此复杂，各种

潮流不可能不波及到校园，而由于他们毕竟年幼，很多在大人看来无关紧要的小事，又容易被他们的小脑袋瓜无限放大。在这样的时候，我们除了给他们更多的温暖和鼓励，除了耐心等待，还能有什么别的选择呢？

看着女儿的周记，我深深感叹：唉，成长中的孩子，真的是最不容易也最了不起的一群人了！

记得在女儿叛逆最严重的日子里，有一次，我们也发生了一场激烈的争吵。争吵后，我突然觉得非常灰心，感到自己这么多年的辛勤付出，好像都被女儿白白辜负了，对她不听劝说、我行我素的行为，觉得不可理喻，也觉得无能为力。

那一天，我独自一人来到一座著名的寺庙，有一种万念俱灰的绝望。那不是一个节假日，寺庙里没有什么人，我安静地坐在一棵菩提树下，静静地想着心事，整理着思绪。我坐了很长的时间，直到我的心慢慢平静下来。

我想通了一个道理，那就是，在这个世界上，每个人都有每个人的命运、承担，即使亲如母女，我也不能代替她选择、代替她感受。在她没有意识到自己的错误之前，我可以耐心地劝慰她、教育她，但我终究不能代替她领悟。梨子好不好吃，是需要孩子亲口尝了才知道的。也许，有些人生道理，孩子是必须用自身的苦楚、磨难、挫折才能换回的。哪怕再体贴入微的关爱，也替代不了他（她）自己的亲身体验。

做家长的，之所以在孩子叛逆的时候，感到焦虑和气愤，说到底，还是担心孩子在不懂事的情况下，吃了苦头，走了弯路。如果这些苦头和弯路是成长必须交付的代价，那么，该吃的苦头就让他们吃吧，该走的弯路就让他们走吧。

我们这些做父母的，也许在耐心之余，还需要宽心。接受孩子的一时糊涂，接受孩子的执迷不悟，给他们时间和空间，让他们自己做出修正和调整。

孩子叛逆的时候，千万别再给孩子施加压力。你施加的压力越大，

实际上，他们的叛逆也会越严重。

叛逆的孩子不过是看出了这个世界背光的那一面，不过是想在无垠的世界里，发出自己独特的声音。只是他们还没有做好准备，也不知道该如何发言。他们憋闷、烦躁，拿破坏当武器，以反叛当个性。他们还没有找到自我、找到出路，他们也正在寻求自我、寻求出路。这是他们蜕皮、化蛹的时候，这是他们最迷茫、最痛苦的时候，这也是他们必须付出的成长代价。

而这时候，做家长的，我们只能在心里默念一句：冬天到了，春天还会远吗？

教育启示录

1. 每个孩子都有自己的叛逆期，这是考验孩子和家长的艰难时刻。就像出一次麻疹，要想孩子顺利渡过叛逆期，家长不要给孩子增加压力，要依然如故地相信孩子、鼓励孩子，给他们更多的温暖和关爱。

2. 在孩子的叛逆期，做家长的要具备"两心"，即耐心和宽心。用耐心等待孩子走出黑暗，用宽心安慰自己顺其自然。

3. 父母要懂得：很多人生道理，孩子是必须用自己所遭受的挫折、苦头、磨难才能换回的。这是成长所必须交付的代价。任何教育都代替不了孩子自己的亲身体验。

第十七章　有一种爱叫放手

问题思考

1. 如何培养孩子的独立性？

2. 如何让孩子适应集体生活？

3. 如何教会孩子营造良好的人际关系？

4. 为什么父母对孩子既要细致关爱，又要大胆放手？

5. 哪些年龄对孩子的独立有特别的意义？

　　我一直认为，父母之爱，是世界上最奇妙也是最博大的一种爱。其他的爱，都是以拉近距离为目的的，只有父母之爱，是为了让孩子更好地离开自己。父母只有具备一种真正无私开阔的情怀，才能在教育中贯穿这种"让孩子独立自主"的理念。

　　这种"放手之爱"，是需要高超的技巧的。如果放得太过，很容易变成冷漠、忽视或放任；而如果爱得太过，又容易变成娇惯、包办或干涉。既要细致体贴地去爱，又要勇敢大胆地放手，应该两手抓、两手硬。

　　拿我们家来说，虽然我和女儿之间有亲密无间的感情，但从很小的时候，我就告诉女儿：人生是单飞的旅程，父母只能将飞行的本领教给你，并陪你飞行一段路程，但你自己的旅程是必须自己独自走的，没有人能够替你飞。如果说，自信，是人生最重要的素质，那么，独立，就是人生最重要的本领。

　　为了培养女儿的独立性，我们很早就把女儿送到幼儿园，让她习惯离开父母，过集体生活。开始一段时间，她也哭着不愿意上学，但我们从不会为这事心软，不会被她的眼泪所要挟。当时她上的幼儿园，条件比较简陋，我们就对她说："这么多的孩子都能在这里生活，你也一定能适应的。"有时，她回家告诉我们，在幼儿园里受到哪个小朋友欺负了，我们就告诉她，这些事情要学会自己解决，你可以报告老师，但父母是不会为你"出头"的。

　　上了小学，她就练习在学校吃饭、住宿了，虽然只是午饭和午休，但她要学会自己去食堂打饭打菜，饭后要洗碗、收拾，睡觉时要学会自己铺床、整理卧具，还要学会跟宿舍的同学友好相处。

　　实际上，孩子的外公外婆一直和我们住在一起，中午他们是有时间接送孩子的，但我坚决要求孩子午饭在学校吃、在学校午休。一来是让她养成独立自主的习惯，二来也是培养她的集体生活能力。因为我自己在这方面的教训比较深刻，由于缺乏锻炼，我的依赖性较强，也不太喜欢集体生活。而现在家家户户都是独生子女，孩子如果长期只跟家人相

处，很容易养成唯我独尊的坏习惯，长大后很难拥有良好的人际关系。

那时，我中午下班后，会抽出时间，悄悄溜到学校去观察女儿的生活。看看她在学校的食堂如何打饭打菜，看她吃饭后如何洗碗，看她午休前如何在操场上和同学们玩耍，看她如何自己爬到上铺去睡觉。我一般都躲在一个角落或大树的背后，不让她发现。看到女儿一切都很顺利后，我的心才真正放下来。

一上初中，我们就让女儿正式住校了，一个星期只回家一趟。他们学校的宿舍管理制度非常严格，每天要搞卫生，床铺要整理得一丝不苟，被子要折成豆腐块，床下的鞋子要摆放整齐，甚至漱口杯都要排成一条线。早上还要早起做操，晚上熄灯后不能讲话，只在规定的时间开大门，等等。有点半军事化的管理。每天都有由学生担任的"宿委"，在各个寝室巡视、检查、打分，做得不好就要扣分，扣到一定分数，就会被学校停宿。

学校的住宿条件也很简陋，一般六个人一间寝室，分上下铺，床上只一块薄薄的硬木板。厕所不是抽水马桶式的，而是古老的冲水式的，需要同学们自己接水去打扫。盥洗沐浴的地方，也都很陈旧简单。空调是老式的窗式空调，不仅噪音很大，而且经常会坏，不制冷（一直到高三，学校才换了分体空调）。

其实，因为女儿上的是全省最好的中学之一，学校的拨款和经费都比较充裕，甚至还有个别富豪家长，愿意自掏腰包，改善学校的住宿环境，但听女儿介绍，学校之所以不愿意改善设施，就是想锻炼孩子们从小在艰苦环境里生活的能力，做好吃苦的准备，长大后才能适应各种环境。学校的口号就是："吃得苦中苦，方为华附人！"我们听了她的话，对学校的做法大加赞赏，我们告诉她："学校这样做是非常正确的。你们现在的条件已经不错了，我们当初上大学时，寝室都没有空调呢，什么样的环境都要学会适应。"

初一刚住校时，女儿有很长一段时间，过得非常艰难。首先因为那

是她第一次真正离开父母，又到一个新环境，面对新同学，心理上有压力。其次是因为学校的宿舍管理制度太过严格，每天都要花很长的时间，搞宿舍卫生，再加上一间宿舍只有一个淋浴龙头，每天大家还要排队轮流洗澡，然后自己洗衣服，而那时女儿又住在七楼，每次上楼下楼，都要耗费不少的精力和时间。为了不被扣分，女儿经常都错过了去食堂吃饭的时间，而只得在课后去小卖部买点方便面、老婆饼之类的东西充饥。当时，我们去学校看她的时候，她每次都眼泪汪汪的，感觉很委屈，人也瘦了不少。

说实话，那时我看在眼里，疼在心里，觉得女儿太过可怜。但不管内心如何煎熬，我都没有动摇过。我总是鼓励她说："学校的制度严格一点是好的，既能锻炼你们的自理能力，又能加强你们的组织纪律性，别人都能坚持下来，你也一定可以的！再说，你每个星期还能回家一趟，父母也经常去学校看你，而那些常住生呢，他们几个月都回不了一趟家，见不到父母，他们不也坚持住了吗？"

接下来，我又教她节省时间的办法。怎样把事情积攒在一起，减少爬楼的次数，怎样立体利用时间，比如洗澡的时候先把衣服用洗衣粉泡上，搞卫生的时候，怎样和同学们合作分工——总之，要想办法，让学习和生活变得更加井井有条。半个学期下来，女儿终于慢慢适应了住宿生活。

我知道，集体生活中，人际关系的处理是最重要的一环，它极大地影响人的心情。若与同学们相处得和睦友好，那么再艰苦的环境，孩子们也会乐意接受的。

从一开始，我就把这个道理讲给女儿听，让她注意和同学们友好相处，凡事不要计较，多看别人的优点和长处，能让则让，能帮则帮，有什么好吃的东西，要经常与同学们分享，性格合得来的同学，就多接触，性格不合的，就少来往，但与任何同学都不要走得太近，防止过亲生隙、物极必反。在同学关系中，要自己掌握主动权，不要受一些不良

习气的影响。对于个别特别自私的同学，也要学会说不，对过分的要求，懂得用礼貌的方式适当拒绝，不要太过软弱好欺。

偶尔，女儿也会与同学发生一点小摩擦。她会既沮丧又埋怨地向我们发一点牢骚。这时候，我们会笑着劝她，不要把问题想得太严重。我们说，一家人在一起过日子，都会吵架的，何况是同学，来自不同的家庭，性格习惯都不一样，肯定会有矛盾的。这很正常。问题发生了，你就要分析一下，是不是原则问题，如果是一些小事情，你就可以主动一点、大度一点，事情过去了不就过去了吗？你还像什么事情也没发生的一样，继续跟她来往，心里不要有什么计较。如果你觉得真的与她的性格合不来，那就少来往一点，但也不要互相不说话、不理睬，把关系搞僵了，大家都不开心。该有的礼貌还是要有的，这样不就行了吗？

女儿在我的教育下，顺利过了"交友关"。她彬彬有礼，大方合群，不计较，爱助人，加上她碰到的同学，也都非常友善可亲，所以整个中学阶段，她的同学关系都处得非常融洽，大家互相帮助，度过了快乐的集体生活。

她写过不少日记，记录下自己的住宿生活。我摘录其中的两篇如下：

（一）锁

今天中午，我回到宿舍，像往常一样，拿钥匙开柜子，可是那锁怎么也打不开。我认真耐心地试了很多遍，都没能成功。我要别的同学帮我开，那人试了几次，也开不了锁。最后，我决心下楼找生活指导老师，拿撬锁的工具。

好不容易从七楼下到一楼，找老师拿到一把大铁钳，赶快跑回宿舍，连跑带跳上了七楼。精疲力竭的我拿钳子钳锁，想把锁钳断，但是，我爬楼已经耗去了大半身力气，没力再和锁较量了，就去隔壁宿舍找"大力士"W（她以前帮人撬过锁）。

哈！W真是大好人，她欣然答应，走到我的柜子前，双手拿钳，用力钳住，和锁打起了持久战。一分钟，两分钟……终于，嘣的一声，锁被钳断了。我忙对W连连道谢。

我好高兴噢，感谢上帝！赶快回去还钳子。我在回宿舍的路上突然想到：今天下午我怎么锁柜子呢?!

但是，我竟没想到，我一回到宿舍，宿友就告诉我一个非常非常大的好消息，宿委L姐姐给我买了一把新锁。这令我既感动，又莫名其妙。她干吗给我买锁呢?

突然，我想起来了：昨天早上，我忘了锁柜子。中午，L过来检查时问我为什么没锁柜子。我跟她开玩笑说："我很穷，没钱买锁啊!"没想到，她竟然当真。

我突然感觉到了华附的优秀校风，在这里读书的每一个人都是乐于助人的。我也要像师兄师姐一样，尽力去帮助有困难的人。

（二）吃泡面也是一种浪漫

唉，今天又没吃晚餐。我只好临时决定在第一节自习课后去小卖部吃泡面。于是，一做完眼保健操，我就和同学Y一起冲下楼去，飞去小卖部。平时，我吃饭是很慢的，这可不怪我，因为爸妈经常逼我吃饭要慢慢吃噢。看到那么多泡面，最后我选择吃最少分量的"和味道"。但是，我还是怕我吃不完。吃不完扔掉多浪费呀，于是我请Y帮我吃一点。Y很好心，她欣然答应，但问题出现了，它里面只有一只叉。两个人怎么吃呢?

Y倒没有为此事担心，她从口袋里拿出一只勺子。这样就可以啦！我和Y坐下来，两个人把头凑在一起吃面。面的热气带着香，钻进我们的鼻孔，大大满足了我们的食欲。这时，突然有一个人指着我们说："好浪漫哦。"是他的眼睛太差啦，看走眼。因为Y是短头发，我是长头发，他把我们当做一男一女了。我和Y相视一

笑。多么可爱的画面！我只能用一个词形容：温馨。

住宿生活极大地锻炼了孩子的吃苦精神和独立品质。为了表现积极，早日入团，女儿初中时还主动报名参加了扫厕所活动。每天放学后，她都要和同学们一起，承担学校的厕所清洁工作。

当我听到这个消息时，真是既吃惊又欣喜，我没想到，在家里当惯了"宝贝"的女儿，居然能自己主动要求打扫学校的厕所，不仅不嫌脏、不嫌累，反而觉得特别光荣。这样的进步，真的得益于做住宿生的艰苦磨练。如果一直在父母身边，舒适的家庭生活环境，是很难有这种锻炼机会的。

集体生活也给她带来了不少收获。每个同学身上都有自己的优点，如果大家能互相交流学习，可以为一个人的成长提供多种多样的营养。比如，她的宿友中，有一个特别爱好篮球，对NBA的球星、赛事，了如指掌，我女儿在她的带动下，对篮球也产生了浓厚的兴趣，经常和她一起打篮球，还和她一起看NBA的球赛。她还有个宿友，小时候学过芭蕾，经常在宿舍里练功，女儿便也跟她一起练习舞蹈。

中学阶段，她整整住校六年，需跟不同的同学打交道，便也适应了各种各样性格的同学，了解到各种不同的家庭背景，从一个侧面看到了社会的复杂多样。这些社会知识和适应能力，我觉得，在一个人的成长中，实际上是比书本知识更为重要的东西。

当然，让孩子住校，并不意味着家长能够偷懒，掉以轻心，或者做"甩手掌柜"。女儿住校后，实际上，我对她的关心一点都没少，我依然时时刻刻都关注着她的一点一滴的动态、心情。每天，我们都会通一两次电话，事无巨细，都要交流一下，即使没什么事情，我也要听听她的声音，让她知道父母的挂念和鼓励。

另外，每个星期，无论刮风下雨，我们都会抽出一两个晚上，到学校去看她，给她送点食品或杂物，有时只是为了给她打打气、表扬表扬

她，或者，只是抱一抱她、亲一亲她，让她感觉到，虽然离开了家，但她并不孤单，父母一直都在关心和支持着她。这会给她增添许多战胜困难的勇气。特别是在情绪低落的时候，父母的看望能给她带去很多温暖和信心。

对于这一点，女儿一直特别骄傲，因为毫无疑问，她的爸爸妈妈，在全校住宿生的父母中，是看望孩子次数最多的家长，连学校里经常换岗的保安，都认识我们了。虽然每次我们只能见面几分钟，但我知道，这几分钟带给孩子的那种温馨与力量，就像加油站一样，是不可或缺的。

很多家长，对孩子之所以不敢放手，是害怕他们缺乏生活自理能力，不能将自己的生活打理得井井有条，或是担心把他们放在学校，在缺乏父母的督促和监督之下，孩子不好好学习，浪费了宝贵的时间，或是交上了坏朋友。其实，你越不敢放手，孩子就越不容易长大，也就越缺乏自觉性和约束自我的能力。在这里，我想对做父母的人说：关心、呵护是一种爱，而信任、放手更是一种爱。

我认为，让孩子独立，并不是不管孩子，而是要更细心地关心孩子，更科学地指导孩子，随时随地掌握孩子的动向，让孩子在独立的时候，不要感觉亲情的缺失和心灵的孤单，或者在父母的放任或忽视之后，迷失了方向，走上了歧途。

为了培养女儿的独立精神，我们还从很小就告诉她：你自己的事情，要自己拿主意、做选择，但也要自己承担责任，父母的意见只给你作参考。上什么样的兴趣班、读什么样的选修课、选择文科还是理科、到哪里读大学，这些事情你都要自己做出决定，而且一旦决定下来，将来不管遇到什么情况，都要自己负责到底，不要抱怨他人，也不要责怪环境。

对于14岁、16岁、18岁这些特殊的岁数，我们都会提前告诉她，这些岁数对于人生独立的意义。14岁，意味着彻底告别童年，成为青少年，是可以入团的年龄，相应有一定的社会承担；16岁，是青年的

预备期，届于少年与青年之间，要负一定的刑事责任了；18岁，成人的标志，有选举权和被选举权，能入党，负完全刑事能力，也就是一个成熟的公民了。每到她的生日，我们都会进行这样的教育，让她知道，未来的一切，都需要她自己独立承担。当然，在她的成长过程中，父母会永远站在她的身后，做她最坚强的后盾、最忠实的粉丝、最亲密的伙伴。

然而，无论我们的感情如何亲密，我们的关爱如何周到，我们的支持如何有力，每个人的道路都是自己走出来的。人生的甜酸苦辣，都必须自己独自品尝；人生的责任与重担，也必须自己独自承担，谁也代替不了谁。

教育启示录

1. 人生是单飞的旅程，从小要培养孩子的独立精神。父母要学会放手之爱，孩子的事让孩子自己做决定、自己负责任。

2. 让孩子尽早走出对家庭的依赖，学会过集体生活，学会与他人友好相处，在集体中懂得吃苦、合作和分享的意义。

3. 孩子独立并不意味着父母放松，父母要学会更细心地关心孩子、更科学地指导孩子，随时随地掌握孩子的动向，让他（她）在独立的时候，不要感觉亲情的缺失和心灵的孤单，或者因父母的放任或忽视，而迷失方向，走上歧途。

第十八章　要勇敢竞争也要热心合作

问题思考

1. 怎样鼓励孩子勇敢地参与竞争?

2. 怎样面对孩子的竞争失败?

3. 为什么孩子的合作精神也很重要?

4. 怎样学会为别人的精彩加油?

在我女儿上小学三年级的时候，有一天，她回家告诉我们，班上要选新班长，但这次不由老师任命，而需要自己报名，自己发表竞选演讲，然后由同学们投票，票数高的当选。她也想参加班长竞选，但心里有些害怕，拿不定主意。

说实话，我的女儿小时候并不是那种特别外向、活泼的女孩，她性格文静，话语不多，虽然德智体各方面都很不错，为人处世也很落落大方，但内敛的个性，让她在班上并不显得非常出众。在大庭广众之下，宣传推介自己，竞选班长，对她来说，绝对是个挑战。在此之前，她担任过小组长、课代表、学习委员这些"职务"，都是老师指定的，也没有得到太多的能力锻炼。

当时，我们听到这个消息，一致鼓励她："竞选班长，这是个好事情啊，让你们从小就培养竞争意识和参与意识，你要积极参加。"接着，我们就告诉她，任何一种竞争，只要参加了，本身就是一种很好的锻炼，因为在这个过程中，你要准备、学习、经历，这对自己是个提升的过程，但竞争的结果，有赢有输，赢了，可以再接再厉，输了，也要坦诚面对，不要影响了自己的心情和自信。所以，在参加竞选前，就要做好心理准备，抱着"学习""参与"的态度，不以得失论英雄，不管结果怎样，都要快乐第一。

女儿在我们的鼓励和指导下，认真写了竞选词，又在家里试讲给我们听，我们也帮她出谋划策。虽然她开始讲的时候很紧张，几次都想打"退堂鼓"，但慢慢地，她的胆子就大了，神态也自信起来。不过，这次竞选，她并没有成功。因为我们早就做好了她的思想工作，她也抱着试试看的心态，所以，这次"失败"的经历并没有给她什么打击，反而增强了她的参与意识。

她后来多次说："看来，竞争也没什么可怕的。将来有什么机会，我都要去试试看。反正我又没有什么损失，还得到了一次锻炼的机会。"

进入中学后，这样的事情更多了。舞蹈节、英语节，各种比赛、活

动，丰富多彩。我女儿爱好广泛、特长较多，她什么活动都想报名参加。回家征求我们的意见，我们也都鼓励她积极参与。我们说："人生在世，不是做演员，就是做观众，如果有机会做演员，为什么不去试一试呢？（台上一分钟，台下十年功，这说明，在台上表演得到的锻炼，一定比在台下当观众要多得多。）然而，比起观众，演员毕竟是少而又少的，所以，每个人在大多数情况下，还是需要扮演好观众的角色。为了能做演员，我们要敢于竞争、敢于展现自我，要拿出战胜自我的勇气出来。但是，如果竞争不成功，我们也要做热心的观众，豁达地为别人鼓掌加油。"

女儿听了我们的意见，只要有她感兴趣的活动，她都积极报名参加。这里面既有成功的例子：比如，她和同学们排演的舞蹈《孔雀舞》，她自己表演的剑舞《菊花台》，都在层层选拔后，登上了学校艺术节的舞台；她用德语和同学们表演的话剧《小红帽》，得到了广泛好评；不过，也有失败的体验：比如英语节上的小组唱、给动画片配音、报考新加坡高中等，因为事先准备不够充分，她都没有顺利"过关"，而遭到了淘汰。

然而，不管是成功还是失败，对她都是一种难得的体验，不仅锻炼了她的能力，更使她的心态变得豁达和坚强。尤其是对待挫折和失败，她越来越能坦然面对了。她学会了用一种"调侃""游戏"的态度，对待种种不顺境遇，也学会了用"利弊分析"的方法，辨证地看待成败。她经常说："没所谓啦，任何事情都是有利有弊的，试一试，将来没什么后悔的就行了！"这种开阔的人生观和幽默感，我觉得比学习成绩要重要得多。

她曾经写过一篇日记，记录了自己第一次参加校运会800米长跑比赛的经历。她给我看的时候，我笑到肚子疼。因为她写得很幽默，从中可以看出她参与竞争、面对失败时良好的心态。文章是这样写的：

运动员入场式后，想到我待会儿要参加女子初中组800米的长跑比赛，我便处于一种"濒临死亡"的状态。（其实，我根本不会长跑，也从未参加过体育比赛，只是因为这个项目我们班没有同学报名，而缺项会扣班级总分，我便自告奋勇地"滥竽充数"。）怎么办？来操场之前，在教室里，有人建议我喝"红牛"。我买来"红牛"，却犹豫起来，不知道里面有没有"兴奋剂"之类的东西。为此我抓了阄，上帝告诉我的是：不要喝"红牛"。几位好朋友也劝我不要喝，但是，我依然没有下定决心把它扔掉。以前读小学时，似乎看过那些田径队的男生喝"红牛"，好像也没什么呀。我还是下不了决心。

到了十一点钟，我已经为自己想好追悼词了。因为紧张和害怕，身体比刚才更不舒服了，四肢发软，但是，我知道，我必须去，因为没有替补队员。这时，我决定听朋友和上帝的，把"红牛"扔掉了。

我想：重在参与嘛！只要我能跑完全程，我就很伟大了。

终于轮到我去检录了。可恶，他们竟然要我把一块写着号码的布别在衣服上。我可怜的衣服呀，那么粗的一个别针，我暂时忘了痛苦，先替我的衣服叹息了一番。当我别别针时，我明显感到手在抖，我明白，我是真的害怕了。但是，在我走上跑道的那一刻，我还是对班主任和同学们笑了笑。我不知道他们能不能看出我那"视死如归"的笑的含义。好一副"荆轲刺秦王"的气概——真是"风萧萧兮易水寒，壮士一去兮不复返"啊。

在跑步之前，我回头看看观众席，但是，因为没戴眼镜，什么都没看清，只觉得太阳好毒呀，它在想，是把我烤成猪扒还是牛排好吃。

在我思考这个问题时，"砰"的一声，太恐怖了，吓了我一大跳，这用了我0.5秒的时间。再看别人已经开始跑了，我又用了0.5

秒的时间,大脑才发出命令:跑吧!

我刚跑出第一步,不妙,头重脚轻,腿一软,像要对操场行三拜九叩的大礼。不行,赶紧迈开第二步,好险,没"扑街"。(最近学的一句广州话,不知用得对不对?)

"慢慢跑",我看到她们一个个像马一样飞奔,心想:我就是跑得比猪慢,怎样?

第一圈还好,跑到接近观众席时,听到了几声"加油",很高兴,虽然她们都已经比我快好多了,但我还是大受鼓舞,振作起来,坚持到最后。

刚刚绕过一个弯,我遇到了一件异常可怕的事。我不知道怎么回事,突然一下子扭伤了脚踝骨。我有了一种想昏倒的感觉。我不要,我不可以昏倒。我的脑子立即发出指令:向前冲呀!我猛地抬起头,看见一个人在给我拍照(不知道是谁,我当时已经看不清了)。

忽然,有一股力量,让我又跑下去了。跑呀,跑呀,我不知道时间,我已经感觉不到周围的一切,只知道让双腿做着重复的动作。跑呀,跑啊,跑噢……

呵,猛听到有加油声,抬头,发现了两件令我高兴的事:L在陪我跑,而且离终点只有一两百米了。想起跑前答应过同学们,要有一个冲刺的动作给他们拍照,于是我昂起了头。这时我看到,只剩下我一个人在跑了,这样的感觉真爽!

我加速,尽量迈大步,忘记了全身的痛,向前冲啊!我像一只野兽,为生命进行最后的拼搏。

终于,到了终点……

我完成了自己的使命,可以休息了。我两腿一软,准备昏倒。这时,不知道有多少双手托住我、几个人簇拥着我。我看不见,听不到,说不出话来——上帝,我不想当海伦·凯勒呀!

　　我感觉到太阳穴和鼻子底下凉凉的，有人给我搽了驱风油吧，我舒服一点了。

　　"水……"我终于从喉咙里挤出一个字来。为此，我付出了巨大代价，喉咙又辣又涩。有人给我拿来了水，太感谢了。

　　在她们的搀扶下，我的腿渐渐对大地有了感觉，一轻一重地走，我觉得地球在转。

　　想哭，但是我忍住了。我不知道我为什么会哭，但我知道，这不是伤心而哭。

　　写这篇日记的时候，女儿读初一，第一次参加校运会，跑800米。后来，她每年都参加了校运会，每年都报了这个项目。她的成绩一年比一年好，名次也越来越靠前，但始终没有进入前三名。可是参加长跑竞赛的经历，在她，从来都不是一种打击，反而是个充满了喜剧色彩的事情。

　　为了提高跑步成绩，从初一开始，她每天下午五点多钟，都准时到学校的运动场去跑步，一般要跑3000米。跑完步，她还要做各种拉伸运动。这种习惯，她坚持了整整六年，成为校园里一道固定的风景，让同学们不得不为她的毅力赞叹，也使她成为一个英姿飒爽的运动型学生。可是，她却笑着对我们说："我真不是因为有毅力才坚持下来的，每天的锻炼，对于我来说，已经成了习惯，哪一天我不跑步、不锻炼，我就浑身不舒服。"

　　在积极参与各种竞争、活动的同时，我女儿也热心为同学们的精彩而加油。她是一个集体荣誉感很强的人，只要是为班级争光的事情，即使只是做"绿叶"，她也热心参加。

　　每次运动会，她都充当热心的拉拉队员，为同学们鼓掌、做后勤。各种班级活动，她都积极参与，出谋划策，不吝时间地进行准备。在各种竞赛中，当她的同学取得好成绩时，她都回家兴奋地告诉父母，与我

们一起分享别人的成功。她找到了一些启发性好、针对性强的试题考卷，或是家人帮她借到了什么有用的复习资料时，她也总是欣喜地带到班上，和她的同学们一起讨论分享。

当父母表扬她这种"乐于分享"的精神时，她总是轻描淡写地说："这有什么稀罕的？我们班上的同学都是这样的，大家平时感情很好，互相帮助，这是我们学校的传统，当我参加什么比赛前，他们也为我喊'加油'的，让我很感动。"

我亲眼目睹过好几回他们同学之间的这种互帮互助的友爱精神。不管是谁去参加比赛，上场前，他们都会用力地互拍一下手掌，嘴里说一声："加油！"重大考试前，同学们之间也是互相击掌、互相鼓励。激烈的比赛、考试，并没有让他们变成狭隘的竞争对手，他们始终是一个赛场上相互切磋和学习的好伙伴。他们的大气、开阔、友善和团队精神，常常令我敬佩不已。

台上是演员，台下是观众。舞台上的演员和舞台下的观众，是两种截然不同的角色。而在人生的舞台上，我们时而可以做演员，时而需要做观众。我认为，做演员时，最关键的素质是勇敢，做观众时，最关键的素质是热心。

在人才济济、资讯发达的今天，我们尤其要提倡敢于竞争、敢于参与的精神。因为在许多情况下，绕过障碍，绕过挑战，就等于绕过了机会，绕过了成功。而勇敢地参与竞争，是接受挑战的唯一途径。也就是说，如果你勇敢地参与了，那么可成也可败，但如果你不参与，那么也就等于丧失了机会，接受了失败。

所以，面对机遇和挑战，我们要勇敢地"尽人力"，而面对各种结果，我们也要豁达地"听天命"。毕竟，任何成功，都需要天时地利人和，有必然，也有偶然。

不过，勇于竞争，敢于到舞台上做演员，并不等于不甘心做观众。人生很多时候很多情况下，我们还需要扮演好观众的角色。当我们是演

员的时候，就要珍惜机会，认真表演，放出生命的光彩。而当我们做观众的时候，我们也要心平气和，为他人的精彩，鼓掌加油，向他人虚心学习。没有好观众，也不会有好演员。

教育启示录

1. 在一个"酒香也怕巷子深"的时代，我们要积极参与各种竞争，敢于接受各种挑战。

2. 在竞争中，要有参与意识和豁达心态，抱着"尝试""体验""锻炼"的态度，正确认识成败。经历比结果更重要。

3. 既要敢于做演员，也要热心做观众。做观众时，要热情地为别人的精彩而鼓掌加油。

第十九章　小心保护女孩的花蕾

问题思考

1. 性别在孩子的教育中，会带来哪些不同？

2. 父母在孩子的青春期应该注意哪些问题？

3. 如何发挥父亲在女孩成长中的特殊作用？

4. 如何与孩子沟通早恋、性这些敏感问题？

　　虽然，在孩子成长过程中，我并不主张突出性别差异，反而觉得无论男孩、女孩，首先都必须成为一个健全的人，有健全的人格、健壮的身体、健康的心态。然而，在教育问题中，客观上存在的性别差异，也不能无视。毕竟，男孩和女孩在教育时，除了绝大多数的共性之外，也有一定的不同和侧重。这种区别和侧重，贯穿于幼年期、少年期，尤其是青春发育期，特别需要家长的细心与智慧。

　　结合我自己的成长经验，由于父亲在我幼年时，以工作为重，经常出差，下乡蹲点，使我在一定程度上感觉到父爱的缺失。这成为自己童年回忆中，一个永远的遗憾，也造成了自己性格上，一度存在过孤僻和胆小的弱点。因此我深刻认识到，父亲在一个女孩子的成长过程中，扮演的那种特殊的角色。一个母亲再怎么面面俱到，她也无法将父亲的温暖带给女儿，带给女儿那种男性的宽广、安全和力量。

　　女儿小时候，我就特别注重培养她与她爸爸的交流和感情。在女儿面前，我总说她爸爸的优点，说她爸爸如何如何爱她、如何如何为她着想。而在我先生面前，我又强调女儿已经够懂事、够进步了，我们做父母的，只能给她减压，不能给她增加任何的负担，以防止她爸爸对她提出过高要求，造成女儿对他的反感和抵触。只要有时间，我们一家三人总是一起散步、聊天、做游戏、做运动。我有时还故意缺席家人的活动，以便让女儿与她爸爸单独在一起玩，从小就培养她和爸爸亲密无间的感情。

　　我的做法，取得了可喜的成效。由于女儿从小和爸爸待的时间多，他们父女关系非常"老友"，不仅感情亲密，而且爱好和性格也都非常相似、默契。

　　因为我先生是个性格开朗、喜好运动、爱尝试新事物的人，所以在女儿小时候，他经常领着她，做一些在我看来有危险的事情，比如玩滑板、骑马、到游乐场玩极限运动、去郊外探险，等等，我虽然心里有担忧，但只要女儿乐意，并不阻拦，只是一再叮嘱他们要小心谨慎。

女儿上初中后，又学了网球、剑术，甚至还学过一段时间的跆拳道。我因为个性好静，不喜运动，所以这些运动大多是我先生陪女儿去学习的。但凡女儿想学什么，他一律积极支持、热情参与。在我先生的影响下，女儿的性格也是乐观开朗的，在陌生场合显得落落大方，沟通能力和适应能力都比较强，敢于尝试新事物，身上带有一点运动员般的英气，而不似我有些娇弱。

一个女孩子身上的这种活力、勇敢和冒险精神，大多受父亲影响较大，这是过于细腻、周到而显得胆小、保守的母爱，所无法给予的。

当然，父亲还能给女儿带来一种男性的安全感，那意味着坚强、责任和毅力。因为父亲是女孩子成长中亲密接触到的第一个异性，父亲的素质，决定了她今后对异性的基本认知。如果她与父亲建立了信赖和友爱的关系，那么今后她在与异性朋友交往时，就会自然而然，没有畏惧感和不信任感。同样，一个母亲在男孩子的成长中，也扮演着相同特殊的角色。

女儿高中时曾在一篇周记中描写过，她与爸爸这种亲密无间的关系。她写得很调皮，透着小女孩那种单纯可爱的气息。她是这样写的：

我，像极了我爸爸，在相貌上。浓眉毛、高鼻子、小嘴巴。

我，像极了我爸爸，在小动作上。抿嘴、打哈欠要流眼泪、爱挽裤腿。

我，像极了我爸爸，在性格上。热心、倔强、讲义气。

一次，我和爸爸一起去买雪糕，店主见到我们就笑了："一看你们就是父女俩！"我心里暗暗高兴：我可不是从垃圾堆里捡来的！不过，我嘴里说的却是："长得像爸爸真不好，那么丑，那以后肯定嫁不出去了！"——就是要故意和爸爸拉开距离，划清界限。因为我知道，爸爸年轻时是个引人注目的大帅哥，所以说他"丑"，只会博得他哈哈一笑，是没有任何杀伤力的。

从小就喜欢和爸爸一起去玩。我总像一只小尾巴，紧紧地跟在爸爸的屁股后面，小声预谋着要做些"坏事"，不让妈妈发现。

爸爸用他的大模型复制了一个小小的我。我们之间有太多太多的相同点。这让我对基因遗传定律顶礼膜拜。蛋白质合成、DNA复制，长长的基因链把我和爸爸紧紧地缠在一起，从头发到脚趾甲，没有哪一处不是连在一起的。

我和爸爸都是执著的人。这可以成为一个优点，做事情有一种不服输的劲儿。这也可以成为一个缺点，我们时常会因为坚持一件事情，而顽固不化，各执己见，绝不退让，给彼此留下一些伤痕。

不管是好的基因链，还是坏的基因链，我都希望它们能变成一座桥，带我飞越那又深又暗的代沟。或者，它们只是针与线也行，用那坚不可摧的亲情，将彼此的心，密密地缝在一起。

除了要强调父亲在女孩子成长中的特殊作用，我认为，在女孩子的成长中，还有一些生理与心理上的"细微处"，需要做母亲的人，特别留意，加倍体贴。毕竟，女孩如花蕾，需要格外小心地呵护。

在女儿幼年时，我强调培养她大胆、勇敢的个性，多过集体生活，多和小朋友接触，在各种运动和游戏活动中，希望她能沾染一些野小子般大大咧咧、无所畏惧的精神，不要太过纤细与敏感。

到了青春发育期，我虽然希望孩子掌握足够全面的生理卫生知识，但也希望她能将那份懵懂、纯洁、娇憨的女儿本性，保持尽可能长的时间。因为，成长，意味着独立，意味着成熟，同时，更意味着承担与失去。对做母亲的人来说，我是为长大的女儿心疼的，更怕她不适应汹汹来临的青春期。另外，我也不希望她过早成熟，变得世故。

于是，尽管她已经是个十几岁的少女了，我还是将她当做妈妈身边的"BB仔"，时时与她撒娇，和她嬉闹，一起玩毛绒玩具，一起耳鬓厮

磨，一起做游戏，在一种活泼、天真、玩乐的气氛里，淡化她青春期来临时的那种紧张、压力、突兀和茫然，让她对生理的变化能安然又欣然地接受。

由于我故意对女儿的青春期采用一种"稚化处理"的方式，因此，女儿在性格中，一直保留着一份珍贵的童心。在班上，她也是一个特别单纯、天真、可爱的女生，看上去，比她的实际年龄还要小一些。从她写的不少文字中，都可以看出她的这种难能可贵的童心。比如，初中时，她写过这样两篇日记：

(一) 喝咖啡的蝌蚪?!

前几天，我发现在学校聚青园的小池里有很多的蝌蚪，想起了小时候捉蝌蚪的乐趣，那种挽起裤腿、提着小瓶子的模样已经在我的脑子里扎下了根，我突然有了一种冲动。

真是心血来潮。当天下午，我就特意去服务部买了一只装汽水的杯子，跑到了聚青园的小池旁，抓了两只，带回宿舍。后来，我想到了一个绝妙的主意。现在是中学生了，不能再像以前那样瞎玩了，我要做一个关于蝌蚪的试验。

这是一个有点"疯狂"的想法：给蝌蚪喝咖啡！

晚自习前，我和同学Y一起抓了二十多只蝌蚪。我泡了一杯咖啡，先在装着蝌蚪的杯子里加进半杯清水，再把稀释过的咖啡加进去，嘻嘻，这下子，蝌蚪的生活环境从颜色上开始改变了。水浑浊了，而且有一阵咖啡的香气，不知蝌蚪有没有感觉到。

我担心这些蝌蚪的末日到了。因为我认为它们恐怕接受不了这样的刺激。它们会不时地游到水面上来，好像是为了透气，但更可能是因为它们感到了危险，想逃命。到底是怎样，我也不清楚。

接着，我就没有管它们了。直到第二天的早上，我看到的景象令我震惊。二十五条蝌蚪一条也没有死，也没有伤残，而是很

好地活着，看上去像是很舒服。啊，太恐怖了！我怀疑它们是不是吸取了咖啡中的营养，将来有可能发生变异，成为一种"怪物"（我可能看科幻小说看多了）。我吓得赶快把水换成了清水，并在中午放了它们。

（二）吃"UFO"的猫咪？！

咳，先解释一下：UFO是指服务部卖的一种炒面，不是"不明飞行物"。不要误会了。

不过，令人吃惊的是，这只猫咪竟然吃了原本是我吃的"UFO"。这是非常不对的。猫咪，如果你真的肚子饿了，可以跟我申请拿东西吃的，但是，你抢我的东西就非常不对了。

而且，她竟然很有头脑，看过《孙子兵法》吗？问她呀，我不知道。不过她用了"调虎离山"之计噢！

对啦，是先把我引开再偷偷跑回来，跳上桌子再"猫"吞虎咽。吓，这真的很可怕。下次，她会不会用"美人计"来对付我们亲爱的男生呢？

猫是一种很有灵性的动物，在很多神话里，她都被当做"妖"看待。还有关于猫有九条命的传说，我是相信的。

但是，这次猫咪抢了我的吃的，会不会惹我再也不像以前那样爱它们呢？我想：应该不会吧……只是更加看重它们的"智慧"。

这一段时间总是讲关于动物的事，没完没了，下面，提一下蝌蚪成了青蛙之后的事。

从我做了那个荒唐的试验之后，我就很关心蝌蚪了。有一天我经过聚青园时发现，地上有一蹦一跳的东西，就是小青蛙。我抓起了一只，看到还有尾巴没有完全消失呢。可爱噢！我又抓了几只，带到班上去玩。

晚自习，爸妈来看我，见了我的这些小青蛙之后，让我把它

们放了。的确，我没有东西给它们吃，它们是活不长的。于是晚自习结束，我就放了它们。

不管是蚂蚁还是苍鹰，以至于人类，都有一个宝贵的平等的生命。我们不能去伤害别人的生命，也不可以自残，因为生命是世界上最神圣的东西。

童心是可贵的。但童心的纯洁是需要充足的知识和能力去保护的。所以，该说的道理我一定还是要说的，该提醒的事情还是要加倍提醒的，原则问题是绝不能含糊和妥协的。我只是想让女儿知道，当生命里一些必须的承担、必然的秘密降临或者揭开时，她的母亲会给她无微不至的保护、细致体贴的指导。在母亲的身边，她永远都有那一份浑然天成的女孩本性，不会被岁月侵蚀，不会被风霜吹打。当成长如蜕皮，不可阻挡地到来时，因为有母亲足够的依赖和温暖、足够的细心和经验，那蜕皮的感觉不会太疼痛、太艰难。

作为女孩的家长，我们对她的人身安全也会给予特别的关注。只要在报纸、电视上看到了什么拐卖妇女、绑架勒索、上当受骗的新闻，我们都会及时告诉女儿，让她提高对陌生人的识别和防范能力，对自身安全时刻有一种保护心理。

另外，我们也经常提醒她一些安全方面的琐事，比如：晚上尽量不要出校门，不走偏僻之路，实在有事，也要和同学们一起，即使白天上街，也要尽量邀学生同行，不要单独行动，对手机上的不明短信不要回复，跟社会上的人不要来往，等等。

对一些敏感话题，我们也不会避讳，比如早恋。关于这个话题，一上初中，我先生就给女儿上了一堂生动的课。那时，他每天晨练时，都会经过一个人工湖，湖里种满了荷花。有一次，是二月的早春时分，乍暖还寒的，他发现，湖里有几片"心急"的荷叶，早早就张开了嫩绿的

叶片，在一片枯萎的残枝败叶中，亭亭玉立的。可好景不长，没过几天，寒风就让它们"夭折"了。

我先生把这个现象告诉了女儿，并特意将她带到池塘边，让她亲眼目睹那些早早冒头的叶子，是如何早早凋零的。我先生告诉女儿："那些急不可待冒出头来的小荷叶，过不了两天就枯萎了。因为这么寒冷的天气，不适合它们的生长。等到春天真正到来的时候，这些荷叶才会一大片一大片地长满池塘，而那些早早冒头的荷叶就没有这样的机会了，享受不到那时候的美景了。"

女儿是聪慧的。她爸爸的意思不用再往下说了。她自己后来写了一篇周记，记录了这个故事，题目是《只有春天到，小荷才露尖尖角》。她这样写道："就像那些早早冒头早早夭折的小荷叶一样，早恋是不属于我们这个年龄阶段做的事情，如果早早地做了，或许到了我们真正需要它的时候，就再也感觉不到它的美好了。"

也许是这个自然现象给女儿的印象特别深刻、启发特别大，也许也是因为家里给她的温暖和依靠太过丰厚，或者是，属于她的"缘分"还迟迟未到，反正，女儿在中学阶段完全没有遭遇到早恋的困扰。这给了我们很大的安慰。毕竟孩子在学生阶段需要应付的事情已经够多，承担的压力已经够大，如果再碰上什么感情的沼泽，对于一个尚不成熟、懵懂天真的女孩来说，那实在是要焦头烂额的。

正是因为女儿对"早恋"的不屑一顾，反而让我们做家长的，经常拿这个问题跟她开玩笑。我们说，早恋不谈，但恋爱还是要谈的，你上大学后，第一要务，就是要找个优秀的男朋友回来，其次才是学好功课。我们还打趣说，谈恋爱也是需要学习和锻炼的，要在实践中不断地积累经验，只要不失去自我，失败了也无妨，多谈几次也不怕。总之，在嘻嘻哈哈中，我们将恋爱这种敏感事情彻底"祛魅"，把它视为平常。

再比如，性。有一次，我在一篇报道中，看到了一个因宫外孕导致

大出血而意外死亡的女孩的故事。这个女孩年龄很小，与男友没有结婚就发生了性关系，又没有足够的保护措施，所以酿成了一个大悲剧。

我将报道拿给女儿看，让她知道，在恋爱、婚姻、性这样的大事中，女性需要承担和付出的，要比男性多很多。作为女性，最重要的，是要学会保护好自己，不管是身体也好，精神也罢，我们一定要确保自己在什么时候，都不会受到侵犯和伤害。女儿睁大双眼，久久地看着报道，对这个故事的印象特别深刻。

还有，外貌和服装。大概从小学五六年级起，一向大大咧咧的女儿，开始对自己的外貌在意起来，梳洗打扮时，经常在镜子前左顾右盼，对平时穿的衣服、鞋子，也留意起来，喜欢一些时髦的服饰了。这是孩子长大的表现，爱美，也懂得追求美了，只要没有过分的虚荣心，这是件好事，值得家长鼓励和支持。

我经常告诉孩子：不要轻视外貌和服装，尤其对一个女生来说，整洁、大方、美丽的外在，可以给人生加分很多，特别能增强人的自信和魅力。不过，需要注意的是，要提高自己的鉴赏力和审美力，不要盲目跟风、追潮，把哗众取宠、标新立异当做美，要选择适合自己身份、年龄的服饰，更要从内心焕发出一种自信的神采、一种大气的风度，在言行举止上保持一种优雅、得体、潇洒的气质，让内在美和外在美交相辉映、相得益彰。如果"金玉其外，败絮其中"，那只能增添自己的浅薄和丑陋。

女儿在小学五六年级时，曾经受班级风气影响，也被卷入到一点带"桃色"的风波（这段经历，我在"顺利渡过叛逆期"中已经讲过），当时，我们看到女儿的变化，那种青春期萌动的迹象，态度是不慌不忙、淡化处理的。

我们知道这个时期的孩子，都是叛逆的，你不让她做什么，她偏偏会做什么，你越禁止，她越来劲。所以我们反其道而行之，经常鼓励她与男孩子多接触，多和一些男同学交朋友，还对她说："没关系的，男

女同学在一起交往很正常，这是正大光明的事情，你不要怕同学们嘲笑，他们那是以小人之心度君子之腹，是很猥琐和没出息的想法，交朋友嘛，就是在一起互相学习、互相帮助、互相促进，这是好事啊，你不要怕。"还说："你们小孩子总是把事情看得过于严重，爱大惊小怪，爱夸张，男女同学来往多一点，那只是正常的交朋友啊，跟谈恋爱完全没关系的！"——其实，这是"攻心术"的一种，父母已经把基调定好了，而且将"神秘"之事，看成平淡之事，不惊不乍，积极鼓励，这样，孩子反而没有什么过分的"猎奇"心理和特殊兴趣了。

遇到亲戚朋友家差不多大的男孩，我们总是鼓励女儿与他们多交流。因为现在都是独生子女，孩子们没有了兄弟姐妹的概念，如何与异性相处，也是需要从小学习和锻炼的。如果从小缺乏这种锻炼，将来孩子长大了，面对异性可能会有紧张、拘谨、害羞、回避的态度，不能做到大方自然、随意放松。我们将亲友家的男孩子、学校里的男同学，一律视为"小哥哥""小弟弟"，总是鼓励女儿和他们多打交道。所以，我女儿跟男孩子交往时，态度特别自然大方，不会有什么大惊小怪的感觉。

当然，青春期的来临，不会都是那么风调雨顺、风和日丽的，总会有一些不期然的变故、不调和的状态、不适应的新貌突然来袭。但是，不管遇到什么，作为母亲，我想让女儿确信，母亲永远和她坚定地站在一起，心手相连，和她一起抵御着人世间的一切未知和困难。

教育启示录

1. 女孩如花蕾，需要格外小心保护。

2. 要重视父亲在女孩成长中的特殊地位（母亲在男孩成长中也一样），让父亲给孩子带来安全、信任与力量。

3. 对恋爱、性、婚姻这些敏感问题，不回避，不刻意，在轻松随意中将其祛魅，在大方交友中让其正常。

第二十章　哪些品质对孩子最重要

问题思考

1. 如何培养孩子树立正确的价值观、人生观、是非观？

2. 哪些品质是人生最重要的基石？

3. 怎样让运气变得更好？

我女儿一直认为自己是个特别幸运的孩子。带她坐电梯，往往她一到电梯口，便有一辆电梯恰好张开大门，正在等候；她想明天出行，多日的阴天便会结束，天空自然放晴——当然，还有很多小事，都说明了她的好运气。

其实，我们都知道，这些事情都只是巧合，都是好心情的一种自然回馈，可是我的女儿不这样看。她当真以为自己是那个受到上天特别宠爱的孩子。她说："我现在要积累人品，不能把我的好运都用完了。"有时她还认真地告诉我："妈妈，你一直都很幸运哦，所以你也要积累人品，不然的话，你的运气就会用完的。"

在我女儿看来，一个人的好运是有一定数量的，是跟一个人的"人品"密切相关的，只有不断地积累人品，才能不断地拥有好运。

积累人品，这是一个新词儿。人品，在我女儿的口里，叫RP，取这两个字汉语拼音的第一个字母，是她们同学中的口头禅。谁运气好，就说谁RP高。这样的提法让我感到新鲜可爱。我曾经问她："什么叫积累人品呢？"

她说："就是做好人，做好事。"

我不知道，这个把幸运和人品联系起来的理念，是如何钻到她小小的脑袋里的。不过，她有这样的想法，让我感到非常的欣慰。在我看来，我女儿所说的"积累人品"，有点像老一辈人常说的"积德"。而小小年龄的她，不知因何缘由，会自然而然地把一个人的运气视作善行的回报。

这也许跟她极为善良的天性有关，也许与我们家庭从小的教育有关。在我们家，一切都是自由开明的，家长也没有什么权威，而把自己当成孩子的朋友，大家一起学习、商讨、进步。只在一个根本问题上，我们是极其严肃的，那就是我们从小就告诉孩子：不管世界如何变幻，一个人一定要树立正确的价值观、人生观，这些基本的价值观、人生观，绝不是什么唱高调、讲大道理，而是做人的根本。就像一座房子的

地基一样，地基不打好，房子就会倒。这是个很严肃的原则问题，父母在涉及到这个原则问题时，是绝不会让步、含糊的。

这些基本的价值观、人生观内涵不少，比如，热爱祖国，关心集体，与人为善，诚实守信，严于律己，宽以待人，知恩图报，尊重劳动，悲悯生命，等等，在这里我只粗略地讲以下几个方面：

第一，爱心。

我们告诉孩子，善良是一个人做人的根本，而善良的心理基础，就是对人、对事，充满爱心和同情心，明白"己所不欲，勿施于人"。善良的要求是，凡事多替别人考虑，在别人有困难的时候，主动帮助别人，当别人损害自己利益的时候，宽容大度一些。当然，为了让善良"可持续发展"，不要沦为懦弱无能，也要学会保护自己，提高识别复杂世相的分析能力和判断能力，尽量让自己不断强大起来。打个比方，同为"食草动物"，我们要让自己成为不怕恶狼的一头大象，而不是被恶狼吞吃的一只小羊。但不管世界多么严酷，我们绝不做弱肉强食的"食肉动物"。

女儿从小就是个特别有爱心的孩子。她对所有的生命，都有一种从心里涌出的同情之心。见到贫穷的人、勤苦的人，她都要从心里叹息一声，对他们的辛苦表示同情和敬重。见到乞丐，她总是默默地掏出零钱，希望能帮助他们。见到小动物，她也有母亲见到孩子时那种真心的爱怜，总是欣喜地蹲下来，观察一番，拿食物喂喂它们。就连在学校的宿舍里，偷吃了她不少水果和零食的老鼠、蟑螂，引起了同学们的"公愤"，她都不愿意伤害，总是对她们说："这些小动物，没东西吃，也很可怜的。"哪怕见到一朵花、一株植物，她也特别珍爱，要是有人想上前摘花的话，不管那人多大年龄，她都会义愤填膺地大声制止。

她6岁刚学会写字时，写的第一篇作文，题目就是：《打鱼的人真苦》，写她观察到的渔民的生活，几个小时风吹日晒，往往只能打到几条小鱼。在这篇只有一两百字的作文里（有些字不会写，只能以拼音

代替），她表达了自己对劳动和劳动人民深深的感情。

有一次，在一个旅游景点，她看到有人养了一些雪橇狗，给游人拉雪橇，跑一趟赚几十块钱。那些狗都很老、很疲惫了，不想拉游人跑的时候，还会挨主人的鞭子。她看了非常同情，居然站在那里大哭起来，嘴里叫着："不要打它！不要打它！"弄得那些养狗的人都不好意思了。后来，我们费了九牛二虎之力，才算把她哄住了。我们告诉她，那些养狗的人，可能也是没办法，他们可能没有别的谋生手段，只能靠"狗拉雪橇"来养活自己和家人。听了我们的话后，女儿好不容易才止住了哭声，但是她的心情依然特别悲伤，她不愿意再继续游玩下去了，拉着我们离开了那里。

这样的事例真是不胜枚举。这种爱与同情，是她本性里的东西，发乎于心，自然而然。小学时，她曾写过一篇文章，谈到自己对动物的感情，题目是《我爱着所有的动物》，文中写道：

我对动物，从小就很熟悉了。当我还在牙牙学语的时候，我就跟着父母参观了很多的动物园。我打心眼儿里觉得那些关在笼子里的动物——不管是凶恶的，还是温顺的，都是蛮可怜的。它们要是被放出来，一定会和我交朋友，和我一起玩。所以，至今，我对所有的动物都怀着深厚的感情。

我爱着所有的动物，因为我不了解它们。我不知道它们的习性，不知道它们喜欢什么，脑子里想些什么。我想知道这些，就必须每天爱着它们。因为，爱，是一切的源泉。通过爱，通过学习，通过观察，我知道了动物们的一些小秘密，我知道它们也有爱——于是我就更爱它们了。我知道了：蝎子再毒，它还是把孩子顶在自己的头上养大，这是亲情；孔雀开屏，是为吸引同伴，这是爱情；蚂蚁虽小，却能通过身上的气味找到受伤的朋友，这是友情。动物之间表露的爱我知道得越多，我就越爱它们。

　　我爱着所有的动物，因为我为它们所创造的奇迹感动，它们有着我不敢想象的力量，做着让我热泪盈眶的事情。曾听过这样一个故事：一群南迁的鸟儿不能动弹了，是因为猎鸟人事先在树梢上涂了一种胶水，这种胶水便把那只可怜的鸟儿的尾巴粘住了，它不停地用力拍打翅膀，却挣脱不了。这时，整整一群的鸟儿都停下了，它们全都绕着那只鸟儿打转。一只比较聪明的鸟儿，飞过来，用嘴啄着那胶水，其他的鸟儿也跟着效仿。就这样，一群鸟儿花了几个小时，终于把那只沾着胶水的鸟儿解救出来，一起继续往南飞。喔，鸟儿竟然也有如此动人的"雷锋精神"，让我在落泪中又体会到一种内疚的感觉。

　　我爱着所有的动物，因为我怜惜它们。我为人类大量屠杀动物们而感到不安，为它们的惨死而心痛。以前每四年有一种动物灭绝，现在每年有四万种动物灭绝。偷猎者们把很多可爱的动物当成了掠夺式的利用对象。或许在大森林的深处，一种动物一小时前还在与同伴嬉戏，一小时后，就在人的猎枪下，生命和快乐像一阵风那样被吹得烟消云散了。想到这里，我的心有难以言表的疼痛。

　　我爱着所有的动物，因为它们与我共同生活在这个地球上，我们拥有上帝赐予的同一个生物链。我和动物在远古时代或许还是亲朋好友，所以现在我们的关系依然密切——本是同根生，相煎何太急？人类当然应该保护我们的动物兄妹。

　　我爱着所有的动物，是因为我相信，会有越来越多的人也爱着所有的动物们。

　　当然，对于女儿来说，世界复杂、严酷、无情、无奈的那一面真相，她还了解不多。人与人、人与动物、人与自然的复杂关系，也不是单单靠同情与爱就能解决的。这需要她在阅历不断增长的未来，慢慢观察、思考、理解。不过，她那一副与众不同的"菩萨心肠"，着实让我

们宽慰和欣赏。

这世上，还有什么珍宝的光芒，能盖过这一颗金子般的纯真、善良之心呢？未来无论遇到什么风雨、波折，只要拥有这一颗纯真、善良之心，又有什么可担忧、害怕的呢？这就是所谓的"仁者无敌"啊！

第二，爱国。

我从小就告诉孩子："我们是中国人，祖国是我们的母亲，中华五千年的灿烂文明是我们永远的根。对祖国的忠诚与热爱，任何时候都应该是放在第一位的。妈妈最痛恨的人，是那种背叛祖国的人，最不喜欢的，是那种崇洋媚外的人。对祖国的感情，就是对母亲的感情。母亲也可能有这样那样的缺点，我们可以改造她，让她变得更加美好，但我们绝不能嫌弃她、抛弃她，也绝不允许别人欺负她、侮辱她。"

在我女儿刚刚学会走路的时候，我们晚上经常会看中央一台的《新闻联播》，片头都会放一段国歌，配有国旗、国徽、天安门等镜头。女儿对国歌特别敏感，一听到是国歌的乐曲，不管是在干什么，立刻停下来，笔直地挺立着，把右手放在右耳旁，摆出一个不标准的"敬礼"的动作，一直保持到国歌放完。在大人们的赞扬和鼓励声里，这种听国歌就"敬礼"的习惯，她一直保持了很久。而对祖国的崇敬和热爱之情，也在这种习惯中，不断得到加强和升华。

正是由于这种发自内心的感情，她对国庆节也非常看重。有一年国庆节，有感于她看到的一些现象，她还专门写了一篇短文，发出了这样的感慨：

与我想象中的不一样，今年的国庆节似乎显得异常平静。早上，睁开眼睛，我没有听到什么激动人心的进行曲，发现自己不是躺在学校的硬板床上，而是躺在自家柔软舒适的小窝里。我的头脑里随即冒出了这一天的第一个想法：嘻——今天是国庆七天长假的第一天嘛，以后的六天都可以好好睡个懒觉啦。

国庆长假，对于很多中国人来说，似乎最直接的感受就是：可以出去旅游了，可以彻底放松了，大人不用上班、学生不用上课了。但是，有多少人真正想到，国庆的意义是中华人民共和国的生日到了，中国人需要用几天的时间，来庆祝我们伟大的祖国又成长了一岁，又收获了一年，又前进了一步。我们应该在这些喜庆热闹的日子里，一起重温祖国的成长历程，一起缅怀先烈的牺牲精神，一起陶冶自己的爱国情怀，一起激发大家的报国热望。

10月1日，我走在街上。周围还是一片假日的慵懒，路上的行人不多，刺眼的太阳似乎让人打不起精神来。我一路走着，并没有发现多少本应该高高挂起的五星红旗，以及阳光在旗帜上本应该照射出的夺目光芒。我也没有看到多少红色的灯笼、鲜红的标语、飘扬的彩旗，节日的气氛远远不及一个"舶来品"——圣诞节。我看见人们互传的短信中，大多也是以各种调侃的语气传递一些有趣的"段子"，或者是提前祝贺"中秋快乐"，我没有在手机屏幕上看到一条"让我们一起祝祖国生日快乐"的短信。我知道，现在有不少年轻人，他们似乎更在意周杰伦、李宇春这些"偶像"的生日。

——中国人，你难道不觉得奇怪吗？

可是，10月1日，这一天，我想，对我们所有的中国人来说，应该是最重要的。因为它是我们伟大祖国的生日，是所有中华同胞的母亲的生日！这个伟大而沧桑的母亲，她历经千辛万苦，哺育了一代代的中华儿女，更让她的子女能骄傲自豪地屹立在世界的民族之林中。这一天，她应该得到一个无与伦比的巨大的"生日蛋糕"，这一天，她也应该得到每一位中国人最真诚的祝福——"生日快乐！"而我，小小的我，会在脑海中升起一面五星红旗，会在心底深沉地唱一首她的歌："起来，不愿做奴隶的人们，把我们的血肉筑成我们新的长城……"

说到爱国，还有一件事情也给我女儿留下了深刻的印象，让她感触颇多。她曾经为此写过一篇名为《我是中国人》的作文，发表在《广州日报》上，这篇作文记录了她的真情实感：

多年前的一个深夜，电话铃骤然响起。我接起来，是爸爸从英国打回来的。

"咦？爸爸，有什么急事吗？"我十分惊奇，他从未这么晚打过电话。

"作为一个中国人，你必须付出比别人多，因为我们的国家还不够强大啊。"对于爸爸这样的感慨，我更是摸不着头脑。但听了爸爸的讲述，我便明白了其中的缘由。

那天，爸爸在伦敦参观，他走在繁华的大街上，突然有一辆摩托车在他身边停下来。车上是一位穿着时尚的年轻人。他打量着爸爸和他的朋友，突然问了一句："请问你们是日本人吗？"声音里带着兴趣和好感。爸爸马上盯着他的眼睛，用纯正的英语回答他："不，我们不是日本人，我们是中国人。"没想到，那位英国青年竟然很轻蔑地丢下一句粗口，头也不回地骑着摩托车飞奔而去，把爸爸他们一行人留在摩托车的尾气中，气愤不已。

爸爸在电话中先是愤慨，讲着讲着，又变得十分伤心："中国的富强还有很长的一段路要走啊。"

那时候，我还在上小学。但这件事真是刻骨铭心。我不停地思考，要等到什么时候，当我走出国门，我能自信地告诉别人"我是中国人"呢？

直到去年暑假，我赴德国参加一个夏令营活动。那天，我在德国南部城市弗莱堡市中心逛街，走着走着迷路了。我只好用不太流利的德语询问一位老爷爷。他比划着，详细地帮我指了路，

可惜我的德语不好，没能听懂。最后，老爷爷竟然决定亲自把我带到目的地。

路上，他问我来自哪个国家。我告诉他，是中国。他便十分激动地跟我说，中国是个很大很大的国家，也很漂亮。我真是高兴啊，于是，尽我所能，将中国的名胜、历史、现状描述给他听。那位老爷爷更是开心，强烈邀请我参观他们的城市，还要为我做个免费导游。于是我跟着他走在欧洲的石板小路上，听他讲述对中国的向往。他问我，现在，中国的楼房是否都建得非常高？我说，的确，中国的发展是飞速的，十几层、几十层的大厦到处可见，还有八九十层那么高的呢。他听了，不停地在口里念叨，说，中国真是好啊，发展快，我非常想去中国旅游。

那时，我猛然想起小时候，爸爸的那次长途电话。于是，我掏出手机，打了一个电话，把这件事立刻告诉了爸爸。

完全不同，这一次，我找回了作为一个中国人的尊严和自豪。

第三，尊严。

从小我就告诉孩子，生命的意义和美，都体现在尊严上。尊严，包括对他人与自己的尊重、对生命与自然的敬畏。尊严是一个人的人格、品行、骨气、修养的综合反映，是一个人立世的脊梁。要想获得尊严，必须做一个正直、诚信的人，不畏强，不欺弱，既不卑不亢，又谦虚有礼。老老实实做人，踏踏实实做事。自强不息，厚德载物。通过自己的人品和努力，赢得别人的尊重。

由于家庭的教育，我女儿在生活中非常懂得尊重别人，与人交往时特别谦逊有礼，虽然看上去有点谦让过度，泼辣不够，经常会吃点"小亏"，但她从不放在心上。我也鼓励她说："不要怕吃亏，老话有一句：吃亏是福。人会欺人，但天不会欺人的，像你这么RP高的人，上天一定会保佑的。"

　　女儿曾写过一篇名为《卖葱的老奶奶》的观察日记，在文章里谈过对"尊严"这个词的理解，文章如下：

　　昨天，我去买凉茶，在经过一条小巷子时，看见了一个摆地摊的卖葱的老奶奶。

　　老奶奶坐在一只小板凳上，佝偻着腰，低着头仔细地整理着她的葱和蒜。一头散乱的花白的头发盖住了她的半张脸，但我仍能看见，岁月毫不留情地在她的脸上刻下了深深的皱纹。我的目光停留在她的脚上。那是一双十分农民化的脚，黑色的指甲，趿着一对破拖鞋。

　　我的心就在此刻融化了。

　　这时，她抬起头来，问："你要买葱吗？"目光里有一种奇异的感情。是渴求吗？我至今也无从知道。

　　我的手不由自主地打开钱包，找到了五元零钱。我从未买过葱，所以不知道价钱，只好对她说："给我五元钱的葱吧。"她没有接我递给她的钱，好像是没听懂我的话，用广州话说："一把葱一块钱。"我听得懂，但不会说广州话，只能跟她比划着用五元钱换一点葱和蒜。

　　她终于明白了，从一只破旧的背包里抽出一只小袋子，往里面装了几把葱和不少蒜头，递给我，然后才认真地收下钱，放进自己的背包里。

　　我拿着一袋子的葱和蒜不知道怎样才好。原本只是想帮助她的，并不是真的要买，没想到她一下子给我这么多，我真想把这些退还给她。

　　她好像看出了我的想法，又说："已经赚到了，已经赚到了。"于是，我只好拿了袋子，对她说了好几声"谢谢"！

　　接着，老奶奶又低下头去，继续整理她的葱，让昏黄色的灯

光在她的头上结成了一个光环。

那一刻，我找到了"尊严"这个词的最好诠释。

当然，传统价值观的内涵还有很多，在这里，我主要想强调的就是，从小要树立正确的价值观、人生观、是非观，在复杂的世相和变幻的潮流面前，保持对真善美的信念与追求，永远不迷失人生的大方向。

现在的人都喜欢说"幸福感"这个词。其实，怎样才能让我们拥有一种真正的幸福感呢？我想，这就需要像我女儿说的那样——积累人品了。

当你有意识地在积累人品的时候，你的脸上一定会带着善意的微笑，你的心灵一定充满了真诚的感恩，你一定会快乐地向别人伸出援助之手，你也一定会宽容地对待别人的过错。你还会在心里给自己加油：遇到顺境，那就是上天对自己善行的嘉奖；遇到逆境，那正是自己积累人品的最佳时机。得，是福；失，也是福——总之，因为你想积累人品，你便从心里获得了一种持久的动力、绵延的幸福。仿佛有一双通晓一切的天眼，正在天上看着你。是啊，人在做，天在看，你所做的一切都是在为自己增加RP。你忍的苦、受的屈，也是在为自己增加福报的因缘。人生在世，你行善得乐，从容受苦，从此获得了一种自然开阔的心境。

教育启示录

1. 从小要树立正确的价值观、人生观，在复杂的世相和变幻的潮流面前，保持对真善美的信念与追求，永远不迷失人生的大方向。这不是讲什么大道理，而是做人的根本。

2. 要在日常生活中不断地积累人品。人品好，RP高，幸福感就强，好运自然也会来。

3. 善，是立身之本。尊严，是立身之骨。

第二十一章　直面父母不完美的真相

问题思考

1. 父母的威信是靠什么树立的？

2. 如何让孩子认识真实的父母？

3. 当父母遇到困惑时，是否可以告诉孩子？

4. 父母应该怎样反省自身的缺陷，改正自己的错误？

在我的记忆中，有这样一些温馨的画面——小时候，我们一家四口人围坐在饭桌上吃饭，大家一边吃饭，一边愉快地聊天。我们互相提意见，爸爸妈妈说说我和姐姐身上的一些缺点，希望我们今后要慢慢克服，之后，他们总喜欢说："你们姐妹俩也给我们父母提提意见，帮助我们有更大的进步。"

那时，我们都很小，也就是刚刚懂事，八九岁的光景，听了父母的话，觉得自己一下子得到了尊重和重视，赶紧挺直腰板、搜肠刮肚地给父母提意见，而不管我们说什么，父母都微笑着，表示接受。他们说的最多的一句话是："对待批评，有则改之，无则加勉，任何人给你提意见，你都要虚心接受。"

有时候，父母为了什么事情，发生了争执，他们你一言，我一语，针尖对麦芒，谁也说服不了谁，像很多的知识分子家庭一样，他们的争吵可以持续很长时间，但除了嗓门比平时大点，听上去并不像吵架而像是争论。在纠结不下的情况下，父母会让我和姐姐给他们做裁判、当评委，为他们"评评理"。

他们安静下来，认真听我们谈论自己的见解与看法。而我，从小就显出了对复杂事相的分析与判断能力，往往一二三四五、正面反面、总体局部、一般特殊地一通分析下来，听得父母连连点头。他们很看重我的思维能力和"中立"立场，渐渐地就把我当成了家庭的"法官"，在很多父母意见不统一的情况下，征求我的看法。而我呢，也由于受到父母的尊重，愈发要显得成熟、周到、公正一些，思辩与判断能力都得到了很大的提高。

父母对孩子的尊重，并没有影响到我们对父母的尊重与感情，也没有让我和姐姐桀骜不驯、叛逆不经。相反，我们一家人的感情非常融洽，父母在我的心里，不是高高在上的权威和不容置疑的神圣，而是两个有血有肉、普通平凡、并且和我们血脉相连、最亲最爱的亲人。我和姐姐也都非常平和、健康地长大了，我们知书达理、宽容友善，性格单

纯而又阳光。不过我知道，这种平等、开放、民主的教育氛围，在我成长的那个时代的中国家庭中，是很少见到的。

在传统教育中，父母爱以一贯正确、不容置疑、不苟言笑的面目，在孩子们心里树起权威形象。父母的过失、错误、缺点，对孩子们来说，是忌讳的，也是不能轻易谈论和批评的。所谓的家长，就是那种板着面孔说教的形象，而他们的说教，又是把自己排除在外，只针对孩子而言的。这样的家长，以家长身份自居，拿父母之威压人，在今天这样一个提倡民主、平等的时代，已经不能让孩子心服口服，也不能让孩子亲近喜爱了。

实际上，在幼小的孩子眼里，自己的父母还是被放大的、美化的。出于天然的对父母的感情，孩子们在小时候，喜欢将自己平凡的父母看成不平凡的人，把父母身上的某些特长和优点，加以夸大和强化，以为父母是多么了不起的人。直到孩子一天天长大，父母这种被夸张的形象，才会被逐渐"祛魅"，而这时候，孩子或多或少有那么一种失落和遗憾的心理，他（她）看清了自己父母的真相，他们的平凡与缺陷、软弱与局限，他们像所有人一样，在残缺的人生中善恶相伴、辛苦挣扎。

如果父母总以一种正确的完美的"假相"对待孩子，刚愎自用，自以为是，不容孩子审视，也不能自我反省，将自己的权威视为不容挑战的尊严，一味强调孩子的服从和听话，那么这个孩子长大后，当他（她）看清父母的"真相"时，会有强烈的被欺骗感和被奴役感。父母从令人仰视的"圣坛"上跌下来，给孩子带来不可避免的心灵创伤。

而这种权威式的父母，一般也很少进行自我反省与自我完善，他们故步自封，喜欢拿僵化或过时的标准要求孩子，不仅自己渐渐落后于时代，也容易让孩子从他们身上感染到恶习，成为一个固执僵化、文过饰非的人。

其实，无论我们的父母从事什么样的职业、有什么样的身份，他们都是平常人，有平常人的烦恼和缺陷，在生活中，他们会迷茫、会苦

恼、会犯错。好父母与坏父母的一个重要的区别在于，好父母愿意正视自己的缺点，通过不断的反省、学习，改正自己的缺点，并在陪伴孩子一起成长的互动过程中，与时俱进，追求自身的进步和完善。

也就是说，好父母是和孩子一起成长的。他们活到老，学到老，成长到老，进步到老。而坏父母呢，一旦做了父母，就对自身的问题与缺陷视而不见，将父母的身份看成是对错误的"特赦"与"豁免"，是对权威与特权的理所当然的占有，只把高标准、严要求，对准自己的孩子，而把自身的学习、进步与完善丢到一边，盲目自大，霸道自私。这样的父母是孩子的悲剧之源。

从女儿一生下来，我们就把她当成一个独立的人，有独立的人格，有选择的自由，营造一种宽松、民主、平等、自由的家庭氛围。在一切大事小事中，我们都很注意倾听她的意见，也经常鼓励她多给父母提意见。大家像好朋友一样相处，互相帮助，共同进步。

任何事情，大到是否出门旅游、上不上兴趣班、学不学琴，小到穿什么衣服、梳什么发式、买什么书，我们都不强迫她，而让她学会根据自己的喜好，做出分析判断，当然，也必须学会自己承担责任。在这个过程中，我们会帮助她一起分析利弊，提出意见，供她参考。

对于父母的烦恼、困惑、矛盾、缺点，在我女儿升入初中之前，我基本上没有提及过，而是多多展示家庭温暖、阳光、和谐、完美的一面，很少在她面前，表现自己的矛盾与脆弱，即使大人偶尔有些矛盾、争吵，也都完全避开孩子，从而给她一种不可动摇的安全感和幸福感，让她的童年无忧无虑。

但是，随着孩子年龄的增长、知识的积累、心灵的成熟，我渐渐地会把自己遇到的一些烦恼和挫折告诉她，把父母身上的一些缺点和教训，分析给她听，让她知道，她的父母也是平常人，有平常人一样的困惑与无奈，也是让她知道，人生那不完美、不轻松的永恒真相。

　　我发现，女儿并没有因为我对她讲的那些父母的局限和挫折，而轻视、不屑或者失望，相反，她会因为我的坦诚和对她的信任，而越发增添了对我的一种亲密无间的感情和一种交心换肺式的知音之感。

　　比如，我不止一次地与她讲过自己的交友困惑。我自觉对人真诚友善，却很难交到朋友，在社交场合也显得不合群、很拘谨。女儿帮我分析后，一针见血地指出："你这是患了社交恐惧症，你越看重，就会越不自在。而且，你有完美主义倾向，希望人人都能喜欢你。这怎么可能？我觉得，你性格随和，懂得谦让，交友本来没有问题，是你自己太追求完美，反而造成了心理负担，越想做好就越紧张，越紧张就越做不好，恶性循环。我给你的建议是，什么也不要考虑，我行我素一点，该干吗就干吗。"她的话像是一道阳光，照亮了我那久久迷茫的心。

　　从此之后，每每遇到一些困惑和难题，我都会找女儿聊聊天。她会急我所急，给我出主意，尽力开导我，像"闺蜜"一样地帮我化解心事，和我一起共渡难关。别看她年龄不大，但她的分析，思路开阔又新颖，往往能一语中的，让我豁然开朗。而我对她的赞扬与认同，又增添了她"为母分忧"的成就感。有时候，她看我情绪不高，就会主动关心我："小母啊，你是不是碰到了什么问题啦？说出来听听，我帮你参谋参谋。"

　　我之所以将自己脆弱的一面暴露给女儿，一方面是希望她能吸取母亲成长过程中遇到的挫折和教训，了解人世的复杂程度，接受生活的不完美，更重要的是，培养她对生活、对家庭的宽容、关爱与责任意识。作为家庭一员，她在享受父母无条件的关爱之外，也应该学会一种理解和宽容的人生态度，学会接受和原谅别人的错误，学会分担责任、关爱他人。

　　由于我们长期向孩子灌输"每个人都是平常人，要学会享受平凡，从平凡中寻找生活的意义和乐趣"这样的观点，我女儿兰兰慢慢就养成了一种知足常乐、宽容随和的性格，用她自己的话就是：满足点很低。

一点点小事，都会让她感觉很幸福、很快乐，对自己和他人的缺点，也能乐观地接受。

她喜欢平凡的生活、平凡的人，曾经写过一篇作文，表达了自己对凡人的敬意，文章的题目是《凡人的姿态》：

雕刻家总喜欢雕琢天神和伟人。他们把自己的理想敲打在那些近乎完美的形象上。天神要拥有高贵纯洁的姿态，伟人要有挥斥方遒的气派。然而，我却想雕刻凡人的姿态。大千世界，最美好的灵魂，总是在凡人身上显现。所以，我想把最上乘的大理石，留给那些美好的凡人。

我想雕刻这样一种姿态：一位年轻人端正地坐在钢琴前，舒缓动人的音乐正在他的脚下流淌出来。即使失去了双臂，他也要追求年少时钢琴家的梦想。我要刻出他陶醉在音乐中忘我的姿态，刻出他磨出了厚厚伤痕的脚趾，没有什么痛苦能让他放弃心中的梦想。一个用脚趾弹奏钢琴的青年，这难道不是一种信念的姿态吗？是的，坚定的信念，永恒地凝聚在无臂青年刘伟的姿态中！

我想雕刻这样一种姿态：在乡村粗糙的石桌子上，一个女孩抬起她稚气的脸，一双大眼睛饱含着强烈的求知欲望。我要刻出她手中捧着的那本已经被她读了无数遍、页角已经向上卷起的语文书。我要让她那双充满希望的大眼睛，在我的刻刀下栩栩如生。这是一种对未来、对知识的强烈渴求。这样的姿态，定格在一个希望小学的孩子身上。

我想雕刻这样一种姿态：汶川地震之后，在厚厚的废墟下，有这样一个用人体搭成的保护架。这个稳定的三角形，是一位年轻的爸爸。他用自己的身体，保护着他最爱的亲人。在爸爸的身躯下，是一位奶奶。在她的怀抱中，救援人员发现了一个小女孩，一个生命的奇迹！她还活着。在亲人用身体搭建的保护层下，她

因为爱而活了下来。爱之泉在无情的地震中汩汩流淌。这是爱的姿态，保存在凡人不平凡的壮举里。

每天，在我身边出没的，都是这些看上去不起眼的凡人。他们被生活的巨轮碾压着，有泪，有汗，有伤，有痛，有卑微，有仓皇。但是，他们的心里更有信念、希望和真爱。这就是我们生活的世界，没有神仙或伟人的完美，但是拥有信、望、爱的世界。在这个残酷又美好的真实世界里，你也一定能在其中，找到属于自己的姿态。

教育启示录

1. 父母无论从事什么样的职业、有什么样的身份，他们都是平常人，有平常人的烦恼和局限。在生活中，他们会有很多的困惑，也会犯很多的错误。做父母的，不应该掩饰这些"阴暗面"，而应该坦诚与孩子交流，多听孩子的想法与意见，培养孩子的宽容、关爱与责任意识，而不是一味摆出霸道、权威的家长作风，让孩子服从。

2. 父母应该直面自己的缺点与局限，通过不断的反省、学习，改正自己的缺点，并在陪伴孩子一起成长的互动过程中，与时俱进，追求自身的进步和完善。好父母都是和孩子一起成长的，他们活到老，学到老，成长到老，进步到老。

3. 让孩子明白，每个人都是平常人。平凡是生活的本质。要学会在平凡中寻找意义和乐趣，享受平凡。

第二十二章 肌肤之亲

问题思考

1. 与孩子交往时，父母应该怎样表达心中的爱？

2. 如何与孩子建立深厚的感情？

3. 父母应该与孩子保持亲密的身体接触吗？

　　一般人看到我和女儿交往的情景时，都会有一些不太适应的感觉。比如，女儿见到我时，会欣喜地张开双臂，像快乐的小鸟飞到我的怀抱里，而我呢，也会张开双臂，嘴里喊着："宝贝！宝贝！"把她一把搂在怀里。然后，我们像隔了很多年之后再相聚一样，你亲亲我，我摸摸你，心里荡漾着无比的甜蜜。可是这样的场面，并不是我们久别之后的重逢，而只是很平常的一幕。因为我去学校给她送些零食、衣物之类的东西，而我们两天前刚刚还在一起度过了一个开心的周末。

　　肉麻。大多数人在看到我和女儿的交往，或者听到我们的电话时，可能会这样评价一句。不过，我们可管不了那么多。因为，那些亲昵、甜蜜的言行，于我们来说，都是自然而然、发自肺腑的。那种心心相印、亲密无间的感情，也是我和女儿在漫长的岁月中，日积月累的自然产物。我们没有一点刻意或夸张。

　　我想，我和女儿这样的交往方式，与我在家庭教育中，一直注重"肌肤之亲"有关。肌肤之亲是被很多中国父母轻视的事情。出于东方人性格的含蓄、内敛，加上长期封建社会所形成的"家长制"，大多数中国父母在孩子面前喜欢保持一种权威、严肃的态度，平时很少与孩子嘻嘻哈哈，更羞于与孩子有身体上的亲密接触。有不少家长认为，与孩子亲密无间的接触，不仅是一种"没大没小，不成体统"的表现，也会破坏家长在孩子心中的权威地位，容易造成孩子不听话、任性、骄纵的性格。

　　对这样的观念，我从来都不认同。首先，我认为，家长的权威是家长自己的言行造成的，如果你是一个有爱心、有追求、有知识、有能力的人，你的孩子自然而然会敬重你、听你的话，相反，你自己在生活中有很多缺陷又不肯反省，只是一味端出家长的架子，让孩子服从，那么这只会造成孩子的压抑、逆反和抵触，久而久之，反而会破坏家长的权威，影响亲子关系。

　　其次，我不认为，家长与孩子的关系是一种上下的关系，是服从与

被服从的关系。我觉得亲子之间的关系是平等的，也可以是朋友、是知己、是兄弟姐妹。只有建立在互相理解、互相尊重、互相支持的基础上，亲子之间才能形成最亲密最牢靠的联盟。

另外，爱是需要表达的，也是在表达中得到呼应、然后不断促进和加深的。太过含蓄、不露声色的爱，也许会因为羞于表达，而造成家长与孩子的误解与隔膜。为什么我们不能将心里的爱，用语言、用动作直接传递给孩子，让孩子从心里感到一种来自家庭的源源不绝的温暖和力量呢？

我曾经看过一篇文章。文章的作者是个从小未得到过家人任何抚慰的女孩，在她的成长记忆中，她的父母没有一次摸过她的头、拉过她的手。这个孩子长大后，也无法接受别人的亲密举动，甚至朋友出于好意，挽一下她的手臂，也让她感觉到像碰到毛毛虫似的浑身不舒服。

后来，我又看了一些文章，知道类似这个女孩的情况，在中国并不少见。这些孩子长大后，即使与父母关系不错，但都不会做出牵手、拥抱等亲昵动作，也不会在语言上表达对亲人的爱意。他们中的不少人，心理状态还会有些压抑、扭曲，要么呈现出一种对感情的排斥或冷漠，拒人千里之外，要么就呈现出一种对感情的极端渴求，来自外界的一点点的温暖都能让他们迷失自我。这是令人非常痛心的一件事。

在这里，我想讲一个人和他的一个心理实验。

哈洛 （Harry F. Harlow，1905-1981）是美国比较心理学家，1958年当选为美国心理学会主席，1960年获美国心理学会颁发的杰出科学贡献奖。以前，心理学家一直认为，依恋是对于获得营养物质的一种回报：我们爱我们的母亲，是因为我们爱她们的奶水。而哈洛以恒河猴做实验，推翻了这个观点。恒河猴是94％的基因都与人类相同的高级灵长类动物。

哈洛和他的同事们把一群刚出生的婴猴，放进一个隔离的笼子中养育，并用两个假猴替代真母猴。这两个代母猴分别是用铁丝和绒布做的，

实验者在"铁丝母猴"胸前特别安置了一个可以提供奶水的橡皮奶头。按哈洛的说法就是"一个是柔软、温暖的母亲，一个是有着无限耐心、可以24小时提供奶水的母亲"。

刚开始，婴猴多围着"铁丝母猴"，但没过几天，令人惊讶的事情就发生了：婴猴只在饥饿的时候才到"铁丝母猴"那里喝几口奶水，其他更多的时候，都是与"绒布母猴"待在一起；婴猴在遭到不熟悉的物体，如一只木制的大蜘蛛的威胁时，会跑到"绒布母猴"身边并紧紧抱住它，似乎"绒布母猴"会给婴猴更多的安全感。哈洛等人的实验研究结果，用他自己的话说，就是"证明了爱存在三个变量：触摸、运动、玩耍。如果你能提供这三个变量，那就能满足一个灵长类动物的全部需要"。

哈洛的研究，给了我们很多有意义的启示，它对改变传统的育儿观产生了积极的影响。这些影响包括：

为孩子建立安全的依恋是保障他心理健康发展的基础。儿童与依恋对象之间温暖、亲密的联系，使儿童既得到生理上的满足，更体验到愉快的情感。

与喂食相比，身体的舒适接触对依恋的形成起更重要的作用。父母与孩子之间要保持经常的肌肤接触，如抱抱孩子，摸摸孩子的脸、胸、背等，让孩子体味着"接触所带来的安慰感"，对大一些的孩子也应如此。

尽量避免父母与孩子的长期分离。长期分离造成的"分离焦虑"对孩子心理的正常发展有明显的消极影响。父母应尽量克服困难，亲自担当起抚养、教育孩子的责任。如果必须分离，应与孩子做好沟通并坚决离开。

父母对孩子发出的信号要敏感地做出反应，使孩子感受到自己的存在价值；做亲子游戏时，父母应保持愉快的情绪与孩子玩耍，全身心地投入其中。

孩子有了安全感，才能逐渐形成坚强、自信等良好的个性品质，成

为一个对人友善、乐于探索、具有处事能力的人。

　　当我在一本杂志上看到以上这个实验和理论时，我的女儿已经快长到18岁了。很幸运的是，并不知道这一理论的我，从当上妈妈的第一天起，就有这样的自觉和认识。我想，我是出于一个母亲细腻而敏锐的直觉，本能地觉察出这一点的。

　　从孩子一生下来，我就明白，孩子的胃是饥渴的，精神是饥渴的，皮肤更是饥渴的。我要给她足够的爱抚和亲昵，让她从母亲的温暖中，找到安全感。我总是不停地亲吻她、抚摩她、对她微笑、与她说话，在肌肤之亲中，与她建立起牢不可破的信任和爱。我从不吝惜用语言和身体向她表明，我对她无比的喜爱和欣赏。而她，也在这样的环境中，学会了直接表达自己的情感与爱。

　　这么多年来，"我爱你""好想你""我最喜欢你"这样亲密的话语，在我们和女儿的交流中，被不断地重复。亲一亲，抱一抱，拍一拍，这样亲昵的动作，在我们和女儿之间也是家常便饭。任何时候，我和女儿见面时，都有一种从心里涌出的欣喜和亲切，总会上前去热烈地拥抱一下。我们的感情除了亲人之间的温暖，似乎还带有恋人之间的热忱。

　　2010年年底，学校在高三学生中，举行了18岁成人礼。那天下午，我特意打扮了一下，也和高三年级的家长一起，很郑重地参加了女儿的成人礼。

　　一到学校的大礼堂，一看到"18岁"这几个字，我的心就被一种复杂的情绪所包围，我的眼里就有一种潮润的感觉。是的，18年了，我陪着女儿，一起度过了18个春秋了。朝朝暮暮，我们一起面对了那么多的困难，一起度过了那么多温馨的时光。我那小小的女儿，渐渐羽翼丰满，可以展翅翱翔了。这是高兴的时刻，可我却被一种浓重的心酸所淹没，好似一个送别的母亲，正在面对她即将出发远航的孩子，心里充满着无限的牵挂和感慨。

那一天的现场洋溢着欢快的气氛，祝福和勉励的话语，从父母和老师的嘴里不断地送出。学校做了专门的18岁纪念卡，让家长和孩子分别在上面写下自己最想说的话，以纪念这一特别的时刻。当我拿到那张简单的纪念卡时，刚刚写下"兰兰宝贝"四个字后，突然忍不住泪如泉涌。我不知道是欣慰还是忧伤，总之，我的眼泪滔滔不绝，无法停歇。女儿在我流泪的那一刻，也依偎在我怀里，和我一起默默地哭起来。我们紧紧抱在一起，一任眼泪静静地流淌着，什么也说不出，什么也写不出，但我们听到了彼此心脏的跳动声。

周围都是一些欢声笑语。只有我们拥抱在一起，泪水交融。那一刻，我们彼此都体会到了这个世界上最深厚最亲密的感情。而这样的感情已经超越了所有的语言和文字。活动结束后，我们红着眼睛，手牵着手，跟着人流，有些难为情地低头走出了会场，我们再也说不出一句话来。我们的身体久久地依偎在一起，那么紧，那么紧。是的，从女儿降生的那一刻起，我们实际上就是这样心手相连的，从不会分开。

当然，这是我们母女的感情，在一个特别的时候，一次集中的爆发。大部分时间，在生活中，我和女儿更像是一对亲密友好的姐妹。只要不是住校的时间，她一天最喜欢的事情，就是吃过晚饭，和爸爸妈妈一起，手拉手去花园散步。她像一枚"开心果"，一路蹦蹦跳跳的，天马行空地乱侃着，感受着生活的美好和亲情的温暖。那实际上也是我们做父母的人，最幸福的时候。

不过，谈到"肌肤之亲"，父母对儿子或对女儿，在这个问题上，也有表达方式的不同。幼年时期，性别差异不大，无论是男孩还是女孩，都可以多一点亲昵、拥抱、抚摩、交流，让他们在身心上都能最大限度地感受到父母之爱。随着年龄的增长，一般说来，男孩的独立意识和反叛心理会来得更加突出，加上性别意识的觉醒，男孩一般对父母的亲昵行为会有一些排斥的反应。

为了更好地培养男孩的独立、勇敢和阳刚气质，父母对儿子在表达

爱意的时候，就应该更含蓄、内敛一些，选择一些他们喜欢的方式，注重在运动、游戏中，培养与他们的亲密之感。多参加他们喜欢的活动，多开开玩笑，多探讨一些问题，在愉悦、平等的交流互动中，增强对他们的了解和感情。

但无论选择什么样的方式，做父母的，都应该把自己心里的爱，用语言、行动直接表达出来，让孩子无论在身体还是心灵上，都不要有什么饥渴感，让爱的温暖始终萦绕在孩子的身旁。

教育启示录

1. "肌肤之亲"是亲子关系中不可忽视的一课。实验已经表明：母亲的温暖不是来自奶水，而是来自温暖的触摸。

2. 爱是需要用语言和身体直接表达的，在表达中加深了解，增进感情。

3. 最好的亲子关系应该像知己、像朋友、像兄弟姐妹。

第二十三章　让阅读为智慧插上翅膀

问题思考

1. 怎样从小培养孩子良好的阅读习惯?

2. 孩子可以读哪些好书?

3. 怎样启发孩子的独立思考能力?

4. 如何与孩子讨论哲学、宗教、死亡这些高深的话题?

我是谁？

世界从哪里来？

物质和精神到底是怎么一回事？

世界是物质的还是精神的？

如何想象宇宙？

有造物主吗？

人有灵魂吗？有来世吗？

世界是偶然还是必然？

自从上小学之后，女儿开始对一切未知的东西，充满探究的热情和思考的兴趣。我们给她买了一套少儿版的《十万个为什么》，包括宇宙、自然、动物、植物、地理、物理、化学等多个分册，书中分门别类地提了很多的"为什么"，也一一做了解答。她抱着一本字典慢慢读。后来，她又看了不少有关恐龙的书籍，还有一些关于黑洞、天文的书。到初中后，她就开始看《苏菲的世界》《理想国》《圣经故事》《佛经故事》等哲学、宗教方面的书。

这些书籍回答了她头脑中的一个个问题，为她打开了智慧的大门，培养了她对真理和科学的热爱，但也把一个个新问号抛向了她。世界在她的眼前，一天天地开阔起来、明晰起来，但随之而来的，是她想知道的东西也越来越多，她的疑问也越来越多了。

当女儿把以上那些终极问题，拿来问我时，我告诉她："对于这些问题，妈妈也和你一样，从小想到大，到现在还没有想明白。这些问题是比古埃及神话里的司芬克斯谜语还要难解的，而且，你会发现，无论你如何努力，可能都得不到一个圆满的解答。这是人类思维的局限性，连牛顿、爱因斯坦、霍金这些大科学家，都没有搞清楚这些问题。所以，我给你的建议是，暂时不要无止尽地纠缠这些终极问题，这个世界上，没有人能给你一个永恒的答案。就算有人给了，你也别相信。你要自己在生活中慢慢地去学习、思考、体会、参悟。有的时候，你以为自

己已经找到了'终极真理'，可是时过境迁，你就会发现一个与前不同的新的真理。真理是相对的，世界也是相对的。"

孩子的求知欲强烈，但有时候他们也爱钻牛角尖。对于一些哲学问题，父母别着急将自己的结论告诉他们，而是注重培养他们的独立思考能力，以及一种对真理的不懈探求的热情。很多问题都是没有现成答案的，每个人有每个人不同的理解。要让孩子在思考和阅读中，感受到追求真理和智慧的快乐，感受到世界的浩瀚，感受到生命的神奇。但无论孩子提出什么问题，家长都不要以"这个问题没意思、不实际、太荒诞"等种种理由，打击孩子的好奇心和求知欲，而要鼓励他多阅读、多思考，自己去寻找答案。

广泛的阅读，是打开孩子心灵、启迪孩子智慧最有效的途径。所以家长自己最好养成爱书、读书的好习惯，阅读尽量涉猎广泛，古今中外，文理不限，多读些经典名著，少看点快餐式读物。以我的观察，大多数成绩优秀的孩子，都不是只看课本的，他们的课外阅读也很丰富全面。

早在我女儿上幼儿园之前，我们每天晚上都会为她读一些经典的童话故事，教她背一些简单的唐诗宋词。有时她做游戏的时候，就把一些儿童版的《三国》《水浒》之类的有声读物，在录音机里放给她听。但是，只要她不喜欢听的时候，我们会马上关掉，再换一盘她喜欢听的磁带。对于这些知识，我们强调的是，潜移默化的影响，而从不抱着学习和掌握知识的目的。她不提问的时候，也不刻意地讲解。想学多少，想听多少，一切由孩子的兴趣而定。

女儿上幼儿园的时候，每天她爸爸骑车把她送到学校。路上，她爸爸就会背诵一些脍炙人口的唐诗和一些经典的古文，如《陋室铭》《岳阳楼记》等。他从不要求女儿背诵，只是自己一遍一遍地背给女儿听。背诵的声音也是抑扬顿挫、有滋有味的。女儿在爸爸高低错落的声音里，自然而然地领略到了一些中国古典文学的美妙韵味。慢慢地，她自己也开始背诵一些唐诗了。

关于阅读，我女儿曾经写过一篇文章，讲述了自己幼年的课外阅读史。这篇文章题目是《在读书中成长》，发表于《深圳特区报》，还曾获得过南国书香节首届中小学生"书香"作文竞赛优秀奖。这篇文章如下：

在我的头脑中，成长的概念只是一个模糊的印象。在睡梦中，我经常会梦到一个大森林，那儿的大树遮天蔽日，我身陷其中，迷失了方向，却渴望得到阳光的温暖。这时，草地上出现了一条弯弯曲曲的小径，一直延伸到远方。我顺着它，走了很久很久，啊，终于走出了森林，看到了灿烂的天空和太阳……醒来，我慢慢地琢磨着，将这个梦和我的成长体验联系起来，突然体会到：原来，那森林好像人生，那小径宛如书籍，那阳光则仿佛是我的成长……

很小很小的时候，我就开始了自己的"阅读生涯"。我最早读的一本书是《童话故事精选》，里面有安徒生和格林的童话。那本书里是有图画和拼音注释的。我就一个人抱着一本大字典，一个字一个字地查，再对照着图画，慢慢去理解。一整天读懂一个故事都很吃力。但是这样读书，其实就已经潜移默化地让我逐步学会了查字典和自学的方法。虽然读得很辛苦，但每个故事我都要重复看几遍，甚至还要在睡觉前躺在床上为它编个结尾，或是把它的内容背下来，和家里的布娃娃一起按照故事情节来"演戏"。在每一个童话故事中，最使我难忘和感动的就是当善良战胜邪恶的那一刻。那时，我仿佛也跟着白雪公主在美丽的宫殿里一起跳舞，和丑小鸭一起在天空中飞翔。童话故事永远都能使我回到黑白分明的世界，不会迷茫。

在我还保留着很多稚气的时候，我被另一些书所吸引，那就是十册一套的《十万个为什么》，分自然、宇宙、生物、医学、

地理、日常生活等等方面。这是一套让我爱上科学、懂得自己去思考和探索奥秘的书籍。那时，我已经认识不少字了，所以加快了阅读速度。我经常一边看，一边想，让自己慢慢消化每一个"为什么"的道理。它让我痴迷，有时甚至忘记了吃饭，要在妈妈叫了很多遍"小书虫，吃饭了"之后，才恋恋不舍地离开它。我看《十万个为什么》有一种方法：先看目录，找到一个问题后就合上书，自己先想一想，如果这个问题很简单，我自己就能想通为什么，那就不麻烦再翻书了。如果问题深奥一点的，我还不能想明白，就看看书中是怎样解答的。这样，我就能真正地把《十万个为什么》读懂了，再也不像同学们平时爱说的一句口头禅那样："因为所以，科学道理，不说也可以"，而是能把其中的"科学道理"都说得明明白白的了。

英语这门课程，我以前对它的态度总是"敬而远之"的。但自从我读了一套《书虫》丛书和英文绘画版的《HOW TO...》（如何去……）之后，我发现，原来英语是那样的简单、生动、有趣。只要多背一些单词，多记一些语法，再加上灵活运用，就能把英语学得很好。《书虫》丛书有八套，按难易程度分六级，分别适合小学、初中、高中不同英文程度的学生阅读。它是英汉对照读物。我先把中文看一遍，知道了大意后，再读英文，如果遇到不懂的单词就查字典，联系中文，想出意思来。慢慢地，我发现看英文比直接看中文翻译有趣多了，更能了解作家的写作手法和语言风格。那种感觉真的很不错！而《HOW TO...》则是一本英文书，你不可能在上面找到一个中文字。它包罗万象，告诉你世界上一些稀奇古怪的东西。比如：How to ride an elephant?（如何骑大象？）How to hole a crocodile?（如何去抓鳄鱼？）How to tell the time by the sun?（如何通过太阳知道时间？）……《HOW TO...》通过另一种十分轻松的方法增添了我对英语的亲近感。虽

然每读通一篇"HOW TO"的文章都要花费我一个小时左右的时间，但我经常会在周末的时候拿出来读一读。哈！我又从书中得到了收获——我能爱上英文了！

世界名著一直是我宠爱的对象。我喜欢去对比每一个作家的风格，因为每一个作家的写作风格都能体现出他（她）的独特的精神魅力。我们中国的四大名著体现了中华民族所特有的传统、信仰、侠义、智慧，但其中也含有一些封建的内容。外国的《巴黎圣母院》《悲惨世界》《哈姆雷特》《苔丝》《飘》等书籍，里面描绘着各种欢乐或悲惨的灵魂，不管是喜是悲，我依然能感觉出它们的美丽。我的心灵原本是空虚、幼稚的，突然被这么多我所不能理解的感情包围起来，刚开始我显得有些不知所措。不过，我渐渐明白了，原来世界并不是只有黑白两面的，而是复杂、浑浊的。有些东西，你说它坏，它却有好的一面；你说它好，它却有坏的一面。至于我该怎样生活在这个世界上，该如何处理今后遇到的亲情、友情、爱情等很多问题，我相信，我是能从这些世界名著里找到一些可靠而有意义的启发的。

后来，我又渐渐地爱上了古文。因为我渴望知道古人到底在想什么、在做什么，他们想要告诉我们什么东西。我觉得古文是那么神秘，短短一句话，往往寓意又那么丰富、那么深刻。你要费很大的工夫，才能懂得它的内涵。我读过《论语》《孟子》《庄子》，虽然里面的有些话我还不能完全明白，但我已经能够从中感受到一种智慧的大气。我想，古人靠半部论语治天下，那我也一定能从这些古书中受益良多。

现在，我正在读一套美国智力丛书《门萨》系列，那里面有迷宫、数字游戏等内容，就像一套充满趣味又有难度的"智力体操"。我说它像"体操"，是因为这种"智力游戏"既好玩，又刺激，充满挑战性，激发了我对一切难题的兴趣。

　　我就是这样一个"书虫"，如痴如醉地沉迷于书卷，孜孜不倦地咀嚼着文字。如果我在人生的道路上迷失了方向，那么我就会捧起书来。虽然，书上并没有所有问题的确切答案，但它给了我一种开阔的视野、一种思考的习惯。我知道，读书，其实就是一种成长的经历！

　　我以为，阅读，特别是有质量的阅读，是开启一个人智慧最好的钥匙。

　　随着年龄的增长，我女儿看的书越来越多，她既看《哈利·波特》《我的名字叫红》《追风筝的人》这些热门的文学书，也看《一头想要被吃掉的猪》《野兽之美》《爱因斯坦的圣经》《中国大历史》《国史新论》《沉思录》《万物简史》《全球通史》等自然、历史、哲学方面的书。刘谦的魔术走红时，她买来《魔术揭秘》的书籍，出门旅游前，她看《生存指南》。她还长期阅读《读者》《意林》《看天下》《天涯》等期刊。她的阅读虽然五花八门，但都是有益、严肃、知识性强、充满人文气息的，其中经典名著占相当比例。她不爱看那些搞笑类、八卦类的无聊读物。

　　为了提高阅读的效果，把书本上的知识尽可能多地化为自己的精神养料，我教女儿把阅读分为快读与慢读两种。快读的书，只需要泛泛了解的，那就一边快速地看，一边直接用各种彩色涂料笔，在书上画上各种记号，以加深记忆，快速地通读一遍；而慢读的书，则是重要的、经典的、有深度的书，需要一边读，一边思考，书旁记下一些自己的观感，读后还要将有用的章节抄写下来，自己慢慢理解和消化。

　　女儿不仅在阅读的时候，经常做一些读书笔记，她还能对一些问题，大胆提出自己的看法，并和父母热烈地讨论、交流。比如，关于物质和意识，她的基本观点是：现今的哲学，大多把物质和意识分割开来，是二分法的，但世界其实是整体的、不可分割的，物质决定论和意

识决定论都有其局限性，只有把它们统一起来，把世界看成物质和精神的完全统一，才能接近宇宙的真相。量子理论已经证明了这一点。对于辩证法，她高度认同，还时常把它创造性地运用到现实生活中，分析各种社会现象。

再比如，关于人性的问题。她以为，人性中同时包含善与恶。所谓的善，就是人对他人的重视、对种群的重视，是一种削弱强者、同情弱者的利他行为。而人性中的恶，则是人的个体欲望的表现，尽力让自己的利益最大化，最大限度地彰显自身价值。它有一种让强者愈强、弱者愈弱的力量。其实，这两种力量无论在社会中，还是在每个人的内心里，都是共存的，也都在共同发挥着作用。只不过，在某个时候，哪种力量占了上风而已。

每当女儿与我们谈论这些略显高深的话题时，我们从没有因为她年龄小而轻视她，相反，我们总是对她独立思考的精神，给予积极的鼓励和认真的尊敬。我们和她坦诚地交换思想，并告诉她："人在不同的时候，会有不同的面貌，其实万物都是一样的，都是因时因地因条件而流转变化的。真理也是这样，角度不同，范围不同，尺度不同，也会有不同的面貌。没有一个放之四海而皆准的真理，也没有一个一劳永逸的答案。人之所以是万物之灵，就因为人有思考、反省的能力。你凡事都能通过自己的大脑，认真思考，这是一种非常可贵的品质。"

而当我们表扬她阅读广泛、知识面宽、眼界辽阔的时候，她总是说："你们不要用从前的老标准来衡量我们现在的学生了。在我们班，有人看完了全本的《资治通鉴》，有人看完了英文版的全套《哈利·波特》，有人看完了钱穆写的所有著作，和他们比起来，我真是小巫见大巫了。现在功课任务重，我没有太多课外阅读的时间，等我上了大学后，我要把自己喜欢的书都读完。"

读万卷书，行万里路，对于这一代的孩子来说，似乎并不是太遥远的事情了。

高二时，有一天，我突然接到女儿的电话，在电话里，女儿极其悲伤地哭泣着。她告诉我，她的一个同班同学因为患有一种罕见的疾病，发病不久就永远地离开了大家。这是女儿第一次面对真正的死亡，她非常难过，对生命也感到一种悲观和无奈。

这件事之后，我开始在散步时和她讨论生死的话题。我告诉她，生命是很短暂的，也充满了无法预料的灾难，每个人最终都要走向死亡，这是自然规律，就像花开花落。正因为有了死亡，生命才显得极其宝贵。我们在生的时候，就更应该珍惜生命、珍惜缘分、珍惜情谊，就像那句名言所说，使生如夏花之灿烂，使死如秋叶之静美。如果能把活着的每一天，都当成生命的最后一天，那么我们就能明白，该用什么样的态度去更好地生活了。我还说，总有一天，父母也要离开你的，你也不要悲伤，生命就是这样代代相传的，你健康长大了，父母就会感到欣慰的。

从死亡问题，我说到了自杀。我告诉她：虽然我们有权利处置自己的生命，但自杀是一种极不负责的行为。生命那么珍贵，一个人从诞生到成长，寄托了那么多亲人和朋友的关爱，耗费了那么多宝贵的资源，所以，任何时候，我们都不要放弃自己的生命，只要活着，就会有希望。你以为人生走到死胡同了，其实再忍一下、坚持一下，就会发生转机的。自杀，是一种让亲者痛、仇者快的行为。既然死亡总有到来的一天，我们为什么还要那么心急呢？

由此，我还说到了宗教。我告诉她：宗教对于很多人都有镇痛作用，也给很多人带来了心灵的归宿，任何人都有信仰宗教的自由，但是，千万别用它来攻击别人。每个人都有自己心中的上帝。要知道，谁也不是上帝，这个世界上没有人可以做上帝，所以，除了法律可以给人治罪以外，没有任何人可以假借上帝的名义去宣判。宗教的本质就是仁慈宽容，一切不仁慈不宽容的态度和行为，都是有违宗教精神的。你可以经常去望一望星空，它会告诉你，生命是多么渺小又是多么神奇，宇

宙中还有多少奥秘，值得我们用一辈子去探索。

　　是的，亲爱的孩子，让我们把世界看成一本永远也读不完的奇妙的大书，好吗？让我们用自己的一生，好好读。让我们把世界当成一个永远也猜不出的有趣的谜语，好吗？让我们用自己的一生，慢慢猜。

教育启示录

　　1. 书籍是人类最好最长久的朋友。读一本好书，就像交到一个好朋友，所以，从小要培养孩子的阅读习惯。多读书，读好书，课外阅读能打开心灵、启迪智慧。

　　2. 世界像谜语，有很多问题等着我们慢慢猜。鼓励孩子大胆提出问题，和孩子一起平等交流。

　　3. 启发和培养孩子追求真理、独立思考的能力。

第二十四章　让孩子把关爱送出去

问题思考

1. 如何引导孩子关注现实、关注社会？

2. 如何让孩子把关爱送给他人？

3. 怎样让孩子从小养成热心公益的好习惯？

我成长中有一个明显的缺陷，就是在自己的学生时代，对书本知识过于关注，而对社会了解较少，有一种从"象牙塔"里走出的天真与稚嫩，因此走上社会后，有很长时间的不适应状态，觉得自己与社会脱节，因而相当苦闷和迷茫。所以，在对女儿的教育过程中，我就汲取了自己的教训，让她从小关注社会、了解现实，做到"风声、雨声、读书声，声声入耳；家事、国事、天下事，事事关心"。

女儿读书后，一直有看报纸、看杂志、听广播的习惯，对国内外的时政新闻比较关心，对于各种社会现象，我们也鼓励她，大胆发表自己的看法。特别是互联网普及之后，信息与知识的获取变得更加快捷方便，在海量的信息面前，她开始思考：什么样的信息才是我们所需要的呢？为此，她写过一篇文章，谈了她对信息、知识与智慧的认识：

"我们在信息中失去的知识，到哪里去了？我们在知识中失落的智慧，到哪里去了？"英国著名诗人艾略特在《岩石》一诗中，提出了这样的问题。当我们也这样叩问自己的时候，心不由会紧紧收缩一下，感觉自己在波涛汹涌的信息大海里，像一片叶子，被一根警醒的细线牵住了。

21世纪被人称为信息时代。信息似乎成了最有价值的东西。全世界一下子变小了，每一天都有成千上万条信息在穿梭，让我们能轻易满足自己的猎奇心理。信息加速度地传递，人们也加速度地生活，所有的一切都好像按了快进键。然而，就在我们体验着"足不出户知天下"的时候，却忘却了积累知识这回事。当信息的潮水冲刷过我们的大脑后，我们的大脑却仿佛更空虚、更迷茫了。

曾经有一位西方哲人说过："大脑像海绵，能吸收很多知识，然而总有一天它会满，那时你加入的新信息就会把旧的挤走。"所以，无用的信息有害无益。我们得在大脑中放一张过滤网，聪明

地接受信息。

当信息能正确指导我们生活时，它才能称得上是知识。H1N1流感在全球蔓延时，及时的信息能告诉我们如何预防流感，这就是知识；哥本哈根的气候大会召开，各种媒体给我们传来要低碳生活的信息，这也是知识……这些能使我们的生活更加丰富美好的知识，我们应该多多吸收。

然而，知识并不一定能给我们带来幸福的人生。知识往往是别人创造，是我们学习的经验。而真正能使我们快乐生活的，却是自己在生活中积淀和感悟出的人生智慧。这时候，性情陶冶和品德教化就显得尤为重要。

每个人的见识经历、遭受的挫折、收获的成功都不相同。但因为是亲身经历，这些痕迹便永久地刻在了我们的内心，与我们的生命息息相通，像一粒粒珍珠，在时光中磨砺而出。苏轼一生命运多舛，曾官至礼部尚书，也曾多次遭嫉被贬。漂泊不定的人生经历，教会他旷达超逸的生活态度，让他获得了一种超然物外、乐观积极的人生智慧。自己发现、体会到的认识，才是真正的智慧。

孔子说，要成为真君子，第一步必须修身。修，就是反省、践行。向生活学习，从生活中挖掘智慧的甘泉。古人获得信息的途径很少，却出现了那么多有思想、有德行、有文化的圣贤大德，这是因为他们懂得从每一天的生活中，感悟一点，提炼一点，把生活当做一壶好茶，细细品味，口齿留芳。

信息、知识、智慧，每进一层，就是大浪淘沙一次。"千淘万漉虽辛苦，吹尽狂沙始到金"，只有淘出自己需要的真金，才不枉把这人生走上一遭。

在这篇文章中，女儿已经认识到，只有通过亲身经历、实践行动，知识才能化为帮助一个人成长的真正的智慧。这也是我们一贯提倡的理

念：读书人不要只会埋头读死书，而要深入生活，注重实践，把死板的知识化成自身鲜活的智慧。

很小的时候，我们就爱带女儿参加一些朋友的聚会，带她到一些陌生的场合，认识一些陌生的人。虽然大人之间的谈话，她可能都听不太懂，也完全插不上嘴，但带她参加这些活动，是想让她熟悉一些社交场合，观察到与陌生人打交道的经验，学会适应各种不同的环境。

我女儿出生在改革开放的中国，一直生活在经济发达的城市，对落后的农村和贫困地区的农民生活了解不多。为此，我们也经常向她介绍这方面的情况，告诉她，因为中国地域辽阔，各地区间和城乡之间的差异是很大的，同在一片蓝天下，还有不少人在贫困线上挣扎，他们的生活需要我们关注和关心。有时，我们也会在旅游当中，特意安排一些活动，深入一些边远地区的贫困家庭，了解他们的饮食起居和生活习惯，让孩子观察到社会的各个侧面。

女儿从小就养成了对劳动和劳动人民的尊重和感情。每次学校组织的捐款捐衣活动，她都积极参加。2009年秋天，学校组织高二年级全体学生，用一个星期的时间，到偏远农村参加学农活动，与当地农民同吃、同住、同劳动，目的是让城市里的孩子，了解三农，培养吃苦耐劳、团结协作的精神。在此之前，学校召开了动员会，家长和孩子们都知道了，去的那个地方条件非常艰苦，学生们需要自己动手割稻子、晒谷子、打井水、用柴禾烧饭、到当地小学支教。但同学们的热情都很高。

我女儿去之前把家里的书籍翻出来，挑出一些准备送给当地的小学，又催着家长买礼物，说是要送给所住的农户家，还上网找资料，了解"家电下乡"政策，说是要完成一个有关家电下乡的"调查报告"。做好一切准备之后，她把学校发的一张纸条递给我，那上面写着所住农户的姓名、地址和电话号码。我正要看的时候，她突然又一把把纸条抢了回去，拿笔把人家的电话号码使劲涂掉。她潇洒地说："你们总喜欢

打电话问这问那的，这次不许打电话了，有事我会给家里打的。"

那个星期我还真没"骚扰"她。等她返家后，她两眼发光，滔滔不绝地讲了很多在农村的见闻和故事。让我最受感动的是，她说自己曾在寒冷的夜晚，把一个衣衫单薄又满身泥土的小女孩，紧紧地搂在怀里。她还曾在看望一个五保户老奶奶的时候，把自己的零花钱悄悄塞进了她的口袋。她也和住户农民合了影，留下了电话和地址，准备假期再去看望他，和他保持长期联系。最后，她无比兴奋地说："我在乡下还体会了一下当'明星'的感觉呢，我们给小学生上完课，分别的时候，那些孩子高喊着'姐姐好'，让我们给他们签名留念，签到我手软。"

她还没说完，电话就响了，原来是住户农民伯伯打来电话，询问她顺利到家了没有。我女儿感动得眼睛含泪，连连说："谢谢您，谢谢您！应该是我先给您打电话，报告一声的，没想到您还记挂着我。等放了假，我就去看您，也欢迎您到我家来玩！"放下电话，她又说了很多喜欢这个伯伯的话。

实际上，我并没有把这次学农活动当成什么吃苦锻炼。这么短的时间，就算吃点苦，对于这些在城里长大的孩子，还不是一种有点新鲜好奇的体验吗？最大的收获，其实，是我看到了女儿和当地农民之间，那种真正贴心、温暖的交流，也就是她对农民和农村发自内心的真挚感情。他们没有隔阂，没有排斥，也没有那种居高临下的同情。她甚至说："我觉得农村生活也挺好的，他们的饭菜很好吃，他们有城里人没有的快乐。"在乡下，她平等待人，充满友爱，付出了最真的感情。而这种对人的尊重和感情，恰是我最看重的地方。

后来有个端午节，在女儿的提议和催促下，我们还一路打听，专程找到那个位于清远地区的贫困乡村，亲自来到那个住户农民伯伯的家里，表示了感谢和慰问。我们还去看望了女儿一直牵挂也曾有过联系的那个可怜的农村女孩，为她送去了生日礼物。那些人家看到我们，都非常热情，他们拉着我们的手，留我们吃饭，分别时，还淌下了惜别

的眼泪。

　　除了对三农问题的关注，女儿对矿难、环境污染、城市交通等社会问题也很关注。她在文章中不止一次谈到人类对环境的破坏以及所受的惩罚。她曾在一篇记录台风之后的日记中，谈到过这个观点：

　　　　台风来了又走了。我们没受到什么影响，还是一样地读书、读书，做题、做题。不过，好像免了两天的早操，而代价是，我感冒了。整天呼哧呼哧地流鼻涕。Poor Thing! 我的鼻子都快成匹诺曹爸爸的那种了。

　　　　傍晚时分，站在宿舍楼的走廊上，我看到无边的晚霞，它是那么艳，和蓝蓝的天形成了完美的对比。一片天的主打颜色虽然只是红、黄两种，但是，经过大自然的调色盘后，有深有浅，好像有几十种颜色了。好美啊！这让我想起电影《金刚》中的King Kong抱着Ann坐在帝国大厦顶楼看夕阳的那个经典场景。而此时此刻，是否也该上演美女和野兽的精彩故事呢？否则，太浪费这难得一见的美景了。

　　　　相比之下，城市里夜晚的灯红酒绿、刺眼的车灯、让人头晕目眩的霓虹灯，就显得太渺小、太虚伪，也使那些看上去像是精心制作的所谓的高科技，变得一文不值。人类所造的东西，永远比不上大自然的造化，因为人类本身就是大自然的作品之一。

　　　　台风一过，天高云淡。晚上，我竟然看见了久违的星星。我像看见了极光一样兴奋。在城市里，能用肉眼看到的星星太少了。我竟特意问了同学："天上的不会是飞机吧？"因为，现代社会取代星星地位的是晚航班的飞机灯。

　　　　我觉得悲哀。但这是无法改变的事实。也许，人类正在发展着走向灭亡。

在一篇评论矿难的文章中，她这样写道："中国现在处于工业化发展初期，对原材料的需求量大得惊人。资本主义国家是通过对殖民地的掠夺，来进行原始的资本积累的，而中国作为后发展国家，一切要靠自己。虽然我们自诩地大物博，但是这些年来的过度开发，已经让这条巨龙遍体鳞伤，不堪重负。我们对不可再生资源的浪费，与'可持续发展'的口号，相差十万八千里。人类对自然的惊人破坏，必然带来自然对人类的警告和报复。所以，很多灾难，实际上是大自然不得不一次次用残酷的手段，向我们鸣笛。当然，另一方面，我们也能看到，中国'以人为本'的对灾后的救援工作，经过了汶川地震考验后，已经日渐成熟。作为中学生，我们不能到现场为救援工作出一份力，但我们却能关注事态，心系伤员，为祖国和人民祈福。"

当然，社会也是复杂的。孩子的爱心有时候也会受到欺骗。有一次，我女儿看到一个抱小孩的妇女，在一个垃圾箱里找吃的东西，她看了非常同情，于是，她飞速地跑回家里，找出巧克力、饼干等各种食物，装在塑料袋里，又飞速地跑去送给那个妇女。那个女人看了我女儿送的东西后，有些勉强地收下了。她问我女儿有没有钱。可惜女儿身上没有带钱。她只得失望地离开了。

女儿回家后，把这事告诉了我，她一直后悔自己没能给她送一些钱去。可是，过了没几天，那个女人又在垃圾箱旁出现了，她手上仍然抱着小孩，在垃圾箱里翻东西。我女儿热情地走上去，问她是不是遇到了什么困难，还建议她到救助站去。那个女人明显不耐烦了。可我女儿弄不懂，依然关切地询问她，并掏出手机，准备帮她拨打救助站的电话。那个女人一下子慌了，赶紧抱着孩子，一溜烟地逃走了，搞得我女儿莫名其妙的。

当女儿把这些告诉我时，我其实已经明白，女儿是遇到了乞讨的"骗子"，报纸上也登过类似的报道。但我并没有把这些告诉女儿。我不希望她纯善的心灵受到一次打击。再说，这些用欺骗手段来"乞讨"

的人，又确是可怜的人。如果一个人不是到了不得已的时候，谁愿意做这样没有尊严的事情呢？如果是"恶"的话，他们的"恶"绝对是小恶，也是值得同情的一种境遇。我没有把真相告诉女儿，是希望女儿在心智还不太成熟的时候，不要对人性有太多的失望，而是继续葆有一颗柔软、纯真的同情之心。

由于热心公益，高一时，我女儿还被选为年级代表，在学校操场的国旗下，对全校师生发表了演讲。这篇演讲的题目是：《奉献社会，温暖他人》。在演讲中，我女儿总结了整个年级的志愿服务活动，并呼吁更多的学生投身爱心事业。她在演讲中谈到：

志愿服务，是华附多年来的优良传统，我校一直鼓励同学们参加志愿服务活动，以培养我们的社会责任感。

在过去的几个月中，高一年级积极响应学校的号召，在校内校外参与了许多志愿服务工作。在校内，我们高一11个班的志愿服务者，活跃在校园的每一个角落。他们在生化楼的实验室、体育馆、团委学生会办公室、美术工艺室，默默进行着卫生清洁工作。三班的同学从周一到周五管理着舒心阁，使同学们能更好地放松身心。五班和七班的同学则在图书馆里帮助老师整理书籍。我们每个人都尽心尽力，一丝不苟，受到了老师们的高度赞扬。

在做好校内各项服务工作的同时，我们还走出校门，走向社会。

二班和八班的同学前往洪桥街"爱心教室"，帮助贫困和父母残疾的孩子做功课。他们耐心的辅导和诚挚的心意，温暖和感动着这些缺少父母关爱的孩子们。和志愿者一起，这些孩子们的脸上露出了笑容。而在志愿者中，有一些平日看似大大咧咧的男生，通过这些志愿活动，他们的内心也得到了洗涤，变得善解人意起来。

六班、七班、十班、十一班则分别在华师大、石牌街、体育

西路等地进行义务劳动，为美化市容、维护广州、创建"文明城市"做出了贡献。

同学都说，虽然志愿服务是一项辛苦的工作，但是却能丰富我们的生活，让我们学习到不怕吃苦的精神、与陌生人交流的能力，培养了我们甘于奉献、勇于克服困难的品格，体味到奉献的快乐。

服务社会是现代意识的一部分。美国的孩子把去敬老院服务当成周末的必修课；汶川大地震发生后，国内外许许多多的人自觉投身到救灾服务工作中。"送人玫瑰，手留余香"。同学们，奉献出我们的热情，一起加入到志愿服务的队伍中来吧！我们期待着志愿服务队的不断壮大。让我们都来奉献社会，温暖他人！

当然，我们也知道，女儿虽然18岁了，但在她的生活中，毕竟是阳光多雨水少、鲜花多荆棘少的，她对社会的阴暗面知之不多，对人性的复杂和世事的严酷程度，也不甚了解。她的内心依然保持着对世界和他人的坚定信心与爱，她的纯真与热情，还没有受到生活的考验与打击。

作为她的父母，我们无法详细地告诉她人世和人心那复杂诡谲的一面，因为我们自己也还在生活中，不断地学习和积累。我们只能让她多看报纸、多听新闻、多接触社会，了解社会当中欺诈、黑暗的一面，并提醒她，任何时候，都要学会保护自己，提高识别他人、分辨世相的能力，不要上当受骗，落入危险的圈套。

女儿对社会的认识、对人性的了悟，还需要她自己以后在生活中，不断地增加阅历，开阔视野，拓展经验。作为父母，我们只能告诉她，无论未来会遇到什么，无论生活会赋予什么，真、善、美是这个世界永恒的价值与信念。

教育启示录

　　1. 不做"象牙塔"里的书生，不与社会脱节，父母从小就要引导孩子关注社会，了解现实，做到"风声、雨声、读书声，声声入耳；家事、国事、天下事，事事关心"。

　　2. "送人玫瑰，手留余香"。鼓励孩子们热心公益事业，多参加志愿服务活动，在帮助别人的同时，学习不怕吃苦的精神、与陌生人沟通交流的能力，培养孩子们甘于奉献、勇于克服困难的品格，让孩子们在奉献中品尝快乐。

　　3. 无论有什么样的人生境遇，无论未来会遇到什么，无论人心有多么复杂、人世有多么残酷，我们都要告诉孩子：真、善、美是这个世界永恒的价值和意义，值得我们用一生去追寻、去践行。

第二十五章　我行我素没那么可怕

问题思考

1. 好孩子必须是一个听话的孩子吗?

2. 我行我素是否也是一种对自我的坚持?

3. 怎样教育孩子正确对待别人的批评和非议?

4. 做一个"另类"的孩子,真的那么可怕吗?

由于我成长在一个传统、保守的知识分子家庭里，一种规范式的"好孩子"教育模式，让我成了一个典型的"乖乖女"。在家里，听父母的话，用传统道德观和价值观，严格要求自己。在学校，听老师的话，做个人人喜欢的"三好生"。走上工作岗位后，服从领导，团结同事，认真工作，宽容待人，做个好员工。结婚后，在自己的小家里，通情达理，自觉奉献，做个好妻子和好母亲。长期以来，我都拿一种主流、规范的"好人标准"，对自己苛求着，力争以克己、守序、忍让、完美的好形象，换来别人的"好口碑"。一个"好"字，将我的人生，束缚在沉重的条条框框中。我活得很累，并不太快乐。

可是，人到中年，在经历了一些匪夷所思、突如其来的事情之后，我才渐渐意识到，一个人活在世上，要想赢得别人的普遍认同和肯定，是艰难的，也是虚弱的。正如一句老话所说："曹操都有知心友，关公亦有对头人。"这个世界上，有很多黑白颠倒的真相，也有不少鱼目混珠的乱相，每个人站的角度不同、心态不同、是非不同、利益不同，所以衡量事物的标准也大不相同。若把自己的快乐建立在别人的评价上，就像把房子建在沙滩上一样，是一种自欺欺人、虚弱无根的活法。

对于我来说，"好孩子"教育模式曾经大大局限了自己的发展与格局。吃一堑，长一智，我从自己痛苦的成长经历中，得到了教训。我告诉女儿：你除了在本质上要做一个善良、诚实、守法的人之外，在一些生活小节、习惯爱好、人际交往上，可以"放任一些"，"要点个性"又何妨？

不要对自己提出过高要求，允许自己偶尔犯犯错误，允许自己做些"越轨"之事，不在乎别人的评价，勇敢大胆地做自己想做的事，走自己想走的路。有时候，我行我素，并不是自私任性，而是一种可贵的品质和对自我的坚持。

我的女儿天生也是一个"乖"孩子，虽然在家里有时会要点个性，任性一些，但在学校，却显得特别听话，把老师的要求当"圣旨"，生

怕因言行出格而被老师批评。在集体生活中，也显得特别谦让、过分合群，还喜欢受别人的影响，不太敢表现自我。

为了让她更大胆一点、自我一点，与别的父母要求孩子"听话"不同，我们经常会鼓动她不要太听话，在不违背原则的情况下，可以做点"违规"的事情，就算被老师批评了也无妨。比如，肚子饿的时候，偷偷在教室里吃点东西；毫无意义的会议，偷偷开次小差；自习课的时候，偷偷换上拖鞋；对于特别讨厌的同学，也可以坚决说"不"……当然，最重要的是，保持良好的心理素质，当被老师批评、同学非议的时候，能用一种幽默、自嘲的态度，一笑置之，不放在心上。

初中时，女儿就曾因为在教室里偷吃东西，而被老师罚写检讨，也曾因为违背了宿舍的管理规定而被学校停过宿，但这些都是很小的"小节"，犯些小错，被老师批评一下，反而能锻炼孩子承受打击的能力。我女儿就曾写过一篇日记，记录下自己被罚的经历。题目是：《一包老婆饼＝两千字检讨》。从文字中，可以看出，她挨罚之后，依然心态轻松，没有什么不良情绪，心理素质可谓良好：

　　昨天，没吃晚餐，肚子的抗议一直持续了整节晚自习。下课去小卖部买了老婆饼。不知道为什么，打铃太早啦，我还来不及吃呢！讨厌，只好带回教室吃。更糟的一件事接踵而来。刚刚心惊胆战地吃完老婆饼，Y老师就叫我出去。我早就知道，心里想着最坏的事：写两千字检讨。果真被我蒙对了，不过，还来了个时限：星期六之前交。唉，这让我大伤脑筋，吃老婆饼这么简单就能讲清楚的事，竟然要写两千字，就算我把整本成语词典用上，也套不出那么多呀。真失败，为了写这份检讨，我白白牺牲掉三节晚自习的时间，终于死拼烂凑，凑出了两千字。只是为了满足一下我的肚子，却害了我的手和脑子，这值得吗？

在我们的开导下，女儿慢慢也变得敢于坚持自我、"我行我素"起来。比如，学校的风气是崇拜偶像，很多文体明星会成为孩子们盲目崇拜的对象，基本上每个同学都是一个或多个明星的"粉丝"。这些小小"追星族"在一起会有很多话题，聊起明星的八卦、爱好来，如数家珍。

我女儿反感这些无聊的话题，她不追星，也无偶像，虽然看了不少明星演唱会、体育比赛、文艺演出什么的，但从来不索要签名，也从不与明星合影。在这件事上，她显得有些"另类"。为此，她还曾写过一篇短文，题目是《等待郭敬明》。文章写得很诙谐：

话说我一向不追星，什么签名、合影的事儿，对我来说毫无意义。每次别人问我："这么好的机会，你怎么不要个签名呢？"我就毫不客气地回敬一句："为什么要他帮我签名呢？直接我帮他签好了，我的字比他的还好看！"——很另类。

话又说回来，做一个另类的人是有代价的。比如在聊天的时候，两个朋友在一旁聊她们是如何千辛万苦，用瘦身术，穿过茫茫人海，挤到第一排去拿签名时，我只能在一旁，面对她们的激动，不停地翻白眼，以表达我的蔑视。后来我发现，翻白眼的乐趣，远没有加入她们谈话的乐趣大，所以，我也想体验一下索要签名的感觉。

这个机会很快来了。听说郭敬明不久要到购书中心举办他的签售会。我伺机好了，准备奋力一"搏"。

早上九点，我和同学便从学校出发，乘坐像沙丁鱼罐头一样拥挤的地铁三号线，到了购书中心。上了六楼，却被保安拦住。他极为轻蔑地扫过我抱在怀里的一本《小时代》，冷酷无情地说："你们现在还不能进，签售会在下午两点，你们那时再来。"

怀着一腔热血，来得这么早，却被保安的这句话把激情给浇灭了。于是我们十分悠哉地去星巴克喝咖啡。相比于尖叫着向明

星蜂拥而去的小粉丝而言，我们的追星显得理性而又优雅。就这样，一直等到下午两点，郭敬明被众多工作人员和保安簇拥着，从某个角落里走出来。我们也如愿以偿，得到了他的签名和合照。

只用三十秒钟就能完成的事情，等待的时间却是一整天。这真是一个宝贵的记忆。因为这将是我第一次也是最后一次索要明星的签名了。在我看来，等待一种虚无、浮躁的东西，真的是需要很大的勇气才能做到的。这件事从头到尾充满了滑稽和荒诞的感觉。不过，又因为有了亲身体验，下次若再听到别人议论签名诸事，我便可以理直气壮地把白眼翻到后脑勺去。

在我们的教育下，女儿慢慢养成了这种不盲从、不跟风的心理，不害怕与众不同，自己认准的事情，就坚持做自己。我们经常告诉她："不要追求完美，不要怕犯错误，有时做个坏孩子，也没那么可怕，大不了改正错误就行了。"

在学校，女儿渐渐也变得非常自如和自由起来，就像在家里一样，不需要特别委屈自己了。她有不少爱好与选择，都与其他学生不同，显得有些"另类"。比如她喜欢亲近大自然，喜欢农业文明，喜欢简约的生活方式，喜欢与家人在一起，不喜欢快节奏，不喜欢高科技，不喜欢工业文明对人的异化，除了上网发邮件、查资料，她也从不在网上聊天、打游戏，对网上购物、用卡支付等现代手段也都不太喜欢。这些在很大程度上，让她显得有些"落伍"和"保守"，与周围追求时尚、小资的同学不大相同，但她是不会为此担忧的，而是为自己"特立独行"的样子而格外自信。有时，她无意中的一种装扮或行为，被别的同学模仿，甚至在学校成了一种风气的时候，她高兴地说："我不追赶潮流，但我可以创造潮流。"

对于时尚，她曾写过这样的一篇文章，表达了自己独有的观点：

　　套用一下鲁迅的那句名言，我认为，"世界上本没有时尚，只是因为喜欢的人多了，也便成了时尚。"时尚就像是吹来的一阵龙卷风，强烈、迅速，把所有的人都毫不留情地卷入其中。当人们为之眼花缭乱时，它又马上离开，酝酿着下一波的重新袭来。

　　有时，时尚也乐意掉回头，拾起往昔的精华，把复古的号角一遍又一遍吹响。当现代服装流行朋克、金属色的时候，设计师们又开始从古典的丝绸、神秘的头巾中，挖掘新的时尚元素。所以，很多时候，时尚也像是轮回，周而复始，螺旋形向前。

　　然而，如果过分追求时尚，时尚也能成为一种变态的隐性杀手。在17、18世纪的西方，妇女们喜欢穿束身衣和金属制成的裙子垫。这种装扮使她们上身显得很纤细，裙幅又显得很阔大。对此，贵妇们乐此不疲，把束身衣拉得更紧，把裙子做得更巨大。但这种时尚却使无数红颜死于非命。束身衣把她们的肋骨压得变形了，有时肋骨断裂插进内脏，造成体内大量出血。铁架子撑起的长裙容易被风吹起，一旦卷入马车中，很难立刻取出，于是人也会被裙子拖着，命丧轮下。这种血腥的时尚，也能因人的盲目、虚荣，繁盛很长的时间。不过，它只能成为时尚，而无法成为经典。

　　真正符合人性美的时尚，才是真时尚。不久前，新改编的《牡丹亭》又穿越了百年时光，重新粉墨登场。唯美的爱情、曼妙的曲艺、古典的意韵，并没有被时下喧闹的流行音乐所淹没。当我沉浸在那水墨般淡雅的氛围中时，我忍不住落泪了。真正的经典已经超越时空的距离，重新成为当今的时尚。

　　《茉莉花》的音乐起源于百年前的江南，直到现在，它仍然会一次次地响起在北京奥运会、维也纳音乐会以及很多辉煌的舞台上。那种洋溢着民族特色、清纯无瑕的旋律，从古至今，贯穿了一代又一代人的心灵。

　　有时候，简单无邪就是时尚界的真理。引领流行音乐五十年

的天王迈克尔·杰克逊，他的内心其实是一个未长大的小男孩。他能给时尚注入那么多的新元素：太空舞、机器舞等等，是因为他能在艺术领域，永远保持内心的纯真和想象力，自由驰骋，无所顾忌。

抛开时尚华丽、闪烁的外套，探求经典朴实、纯真的精髓，这便是我品味时尚的良方。只有这样，我们才能在这个浮躁的时代，永远不迷失自我，拥有自己的时尚。

教育启示录

1. 允许孩子偶尔犯犯错误，允许孩子做些越轨之事，让孩子学会不在乎别人的评价，勇敢大胆地做自己想做的事。有时候，我行我素，并不是自私任性，而是一种可贵的品质和对自我的坚持。

2. 培养孩子从小具备一种重要的心理素质：当被老师批评、同学非议的时候，能用一种幽默、自嘲的态度，一笑置之，不放在心上。

3. 在这个世界上，每个人都只能按照自己的良心生活，清者自清，浊者自浊。不要把自己的快乐建立在别人的议论和态度上。做自己的主宰，走自己的路。

第二十六章　培养孩子全球化的大视野

问题思考

1. 怎样让孩子迎接全球化、信息化时代的挑战?

2. 如何培养孩子开阔的大视野?

3. 怎样正确引导孩子积极看待各种文化的差异和融合?

4. 怎样让孩子学习和借鉴国外先进的观念和经验?

一直以来，我们很注重培养孩子具有全球化的视野和开阔的思路。

女儿小时候，我们在她的房间墙壁上，挂了两幅地图：中国地图和世界地图。一有空，我们就指着地图，让她识别中国、中国的邻国、邻海，识别五大洲、四大洋，识别南极北极，并结合地图给她讲一些郑和下西洋、丝绸之路、哥伦布发现新大陆等历史故事。

我们还买了很多儿童版的天文、地理、科学书籍，比如《十万个为什么》《科学探密》《神奇的宇宙》《黑洞》《人类的故事》等书，激发她对未知世界强烈的好奇心和探索精神，又让她从小就具备一种开阔的眼光，知道地球和人类的渺小，明白宇宙和时间的无限。在我们的影响下，女儿从小就对天文、哲学感兴趣，爱思考，爱提问，对世界的真相、宇宙的起源、人类的命运等等深奥命题，都敢于发表自己的看法。

随着女儿的成长，我们很重视她与外国同龄学生的交流，鼓励孩子积极参加各种与外国学生的互动学习活动。初二时，学校组织了"跨太平洋绿色行动"中美生物夏令营活动，请一些美国中学生来学校参观，和中国学生一起到山区考察动植物，到湿地考察生态环境，参观动物园、环保工厂、古建筑群。我们不仅积极支持孩子参加这样的活动，还自告奋勇地和别的家长一起，承担了接待美国中学生的任务。

"分配"来我家住宿的是一位来自美国西雅图的高中女生杰塞卡，她是一个漂亮的混血儿，父亲是白人，母亲出生在上海，后来移民香港。我们热情地接待了她，还专门为她安排了很多游览活动。我们带着她和女儿一起，到朋友的农场摘荔枝，到饭店品尝中国烤鸭，参观东莞的工厂，游览广州的夜景。

当看到珠江两岸五颜六色的霓虹灯，将现代化的广州城装扮得无比辉煌的时候，美国女孩不禁张大了嘴，毫不掩饰地表现出自己的惊讶和震撼。她总是不停地感慨：中国太美了！发展太快了！这让女儿为自己的祖国感到无比骄傲。十几天的活动结束后，中美学生结下了深厚的友情，临别时她们互相拥抱、互赠礼品，流下了依依不舍的眼泪。

　　高中时，女儿选修了德语课。这个课程是德国歌德学院赞助的项目，旨在推动中德文化交流。我女儿对一切新鲜的知识都很好奇，且知道语言是文化交流的工具，多掌握一种语言，就是多掌握一种工具。所以她就报名参加了德语班。

　　一天，老师在课堂上布置了一篇作业，要求同学们完成一个作品，主题是："我心中的德国"，作品的形式不限，可以是文章、绘画、手工、PPT等等，但一定要有创意。最优秀的作品获得者，将代表中国受邀参加歌德学院举办的全球青少年夏令营活动，费用全部由歌德学院承担。

　　这是一个好消息。德语选修班的同学们个个都憋足了劲，开动脑筋，希望自己的作品不同凡响、脱颖而出。我女儿也很看重这次机会。她想，作品的创意形式将是成功的关键所在，到底选择什么形式能"一鸣惊人"呢？文章、PPT这些形式比较老套，要想出彩很难，手工作品可体现创意，但花费的时间和精力太多，有没有一种既简单省事又新颖别致的好办法呢？后来，她想到一个好主意。因德国地图特别像一个人的侧面，若将它的轮廓画下来，在上面用花瓣、草叶拼出一张美丽的"脸"，那么这个作品一定既符合主题，又别出心裁，而且制作起来并不太难。

　　当她把这个主意告诉我时，我为她的创意叫好。我连忙带着她到附近的花店，搜集各种形式和颜色的花瓣。为了使"原材料"更加丰盛，我们又提着塑料袋，到附近的大学校园里，捡那些被风吹落的树叶和花瓣。开始她还有些不好意思，我告诉她，这是就地取材、废物利用，符合环保观念，是最值得提倡的好办法。

　　所有的材料都准备好了。女儿在灯下认真地将挑选好的花瓣、树叶，修剪成她需要的形状，然后再小心地用胶水粘到事先画好的德国地图上。非常顺利！不过一两个小时，她就完成了自己的作品——一个用花瓣拼出的德国地图，就像一个高贵、典雅的欧洲贵妇的侧影。

作品虽然做得并不太精致，但胜在创意新颖、主题突出、寓意美好，结果被歌德学院的老师选中，作为代表之一，我女儿就获得了一次免费赴德国学习的机会。她自己事后说："同学们的作品都很不错，不过老师夸我的创意最好，哈哈，我真是一个幸运的家伙啊！"

对于这次德国之旅，她有太多美好的记忆。看到她带回来的照片、纪念册，我们为活动的丰富而惊叹。女儿和来自全球的青少年们一起玩、一起笑、一起学习、一起联欢，感受到不同文化的交融和渗透，彼此加深了了解，建立起了广泛而深厚的友情。女儿在一篇作文中，曾经回忆过这段经历：

　　话说这次能到德国巴伐利亚的黑森林地区"学习"，真是一件十分幸运的事。三周的时间好像没有一天是正正经经坐在教室里学德语。我们和来自全世界的学生一起疯狂，跋山涉水，滚草地，玩喷火，半夜烧烤，地窖里的派对……每一天都像坐在过山车上，不知道下一秒会发生什么精彩的事情。

　　我们住在林区里，离任何一处住人的地方都要步行一小时，有一种与世隔绝的禅意。我们住的是木头别墅，透过窗户可以眺望幽深的森林。和我同住一房的室友，名叫Sadio，她来自塞内加尔，这是一个神秘的国度，直到我回中国后，翻开世界地图，才好不容易在北非的西海岸找到那一小块土地。

　　我第一眼看到Sadio，感动得想哭：世界上怎么有这么黑的人？我唯一能看到的只有她的眼睛、牙齿和装饰在鼻翼上的鼻钉。我最担心的事情，是晚上和她睡觉，因为一关灯，她就会和黑暗融为一体。但是，马上她又给我带来了异样的美丽。她的腿又长又细，身材是标准的S型，是我可望不可即的偶像。自从看了电影《阿凡达》之后，我觉得她和纳美人公主有无数的共同点。

　　我跟Sadio的第一段对话是这样的：

你好，我是罗兰，你会说英文吗？——这句话，我是勉强用德文说出的。

对不起，我只会讲法语……Sadio用更勉强的德文回答。

我露出了要崩溃的表情。于是她善解人意地补充道："我还会一点德文。"

于是我崩溃了。天知道，我的德文水平仅限于"你好、对不起"之类最简单的问候语。

因为无法与她沟通，我只好去找老师换宿舍，老师说了一句富有哲理的话："和她同住，是上天给你的机会。"我也只好去抓住这个机会了。有人和我开玩笑："你要小心点哦，她可能是某个酋长的女儿哟。"

她能歌善舞，特别会抖胯，频率高达一秒钟十次以上。我一直想要讨教这个绝技，可惜没有这样的天分。我和她的感情通过手势和表情不断加深。我们用不同的语调叫对方的名字，就可以知道对方想表达什么。她的头发被编成了满头的小辫子，而且几个月不洗头，只是每天往上面涂发油。发油散发出一种奇异的香味，每天早上，我都是被这样刺鼻的味道熏醒的。后来，她也花了几个小时，从晚上十点钟，一直忙到凌晨两点多，把我的头发编成了满头的小辫子。可惜我的发质太好，又直又滑，所以辫子只保持了一天就散开了，但是我留下了珍贵的照片。

这次夏令营中发生了太多有趣的事情，值得我一辈子去回味，写也写不完。

这次德国之行，让她认识了来自全球各地的优秀学生。夏令营就像一个小型联合国，白人、黑人、黄种人、混血儿，遍布世界每个角落的人都有。既有来自发达国家的，也有来自发展中国家的，包括俄罗斯、日本、阿根廷、乌克兰、土尔其、波兰、孟加拉、加纳、哥斯达黎加、

塞尔维亚、肯尼亚等等国家。她知道，各种文化都有自己的渊源、自己的特长，要善于从不同的文化中汲取营养。一个强大的人，对不同的文化，不应对抗、排斥，而应尊重、包容。

女儿曾写过一篇文章，名为《包容，强者的选择》。在文章中，她这样写道："我们都知道，中华文明是世界上唯一一个持续了数千年而没有断层的文明。而为它的延续提供生生不息动力之源的，正是其开放包容的秉性。这种秉性，不是泰山千仞的刚硬，而是至善若水的包容。一如象征着中华民族图腾的龙，它有鹿的角、蛇的身子、鸟的爪子、鱼的尾巴，是一个神奇的混合体。所谓'海纳百川，有容乃大'，越包容，便越强大。"

高二暑假期间，我女儿报名参加了学校组织的一个赴英国学习的夏令营。夏令营以学习为主，也安排了到博物馆、大学、教堂等地的参观活动。在课堂上，当英国老师对中国政策进行批判的时候，她和她的同学们，礼貌地用英文向老师表达了不同的意见，并热情地介绍中国、宣传中国。虽然他们最终谁也没有说服谁，但坦诚的交流、勇敢的表达、不卑不亢的态度，还是赢得了英国老师的称赞和尊重。这群孩子的知识水平和英文能力，也让英国老师感到了惊讶。

在英国期间，同学们还参观了不少的博物馆。有感于英国博物馆建设的完备，学习之余，我女儿就用英文设计了一个调查问卷，并在另外两名同学的协助下，在外国师生中，进行了一次有关博物馆的问卷调查。回到我们居住的广州后，她又对广州市的博物馆现状进行了深入走访，并通过中外对比，最终完成了一个颇有质量的调查报告：《从博物馆建设入手打造"文化广州"》。

在报告的前言部分，她写道："我们惊讶地发现，在异国他乡的博物馆里，中国文物是如此丰富美妙。在感叹着中国文化的博大精深时，我们也十分惭愧，因为我们是在异国的博物馆里，才如此深刻地感受到中国文化的博大精深，而非在我们的故土广州体会到这一点。简单的历

史读物、历史教材给予我们的认识和感触，远没有亲眼看见的那么直观、那么震撼人心。"

她还写道："2010年，亚运盛会将在广州举行。这是一个让世界了解广州、宣传广州、展示广州的良好契机。我们应该借此良机，把广州的博物馆建设得更加完善。凭借博物馆这个浓缩的'窗口'，把历史文化名城广州，直至拥有着上下五千年灿烂历史的中国传统文化，以及新中国发展的巨大成就，更全面更生动更有说服力地展现给世人，提升广州的城市品位和文化软实力，同时也引导更多的人，传承和发展优秀的民族文化。"

在报告中，她也毫不讳言国外在博物馆建设中的先进做法，并以此为鉴，对广州市的博物馆建设，提出了很多操作性极强的具体建议。这个调查报告作为研究性学习成果，获得了老师、专家的一致好评，在经过答辩、展示、面试等一系列程序后，还获得了广州市青少年科技创新一等奖。

这真是无心插柳。实际上，我从未对女儿提出过什么要求，假期只是希望她到处走走，好好玩玩，对她，也只抱着一个母亲最简单的愿望：健康、平安。可是，她的作为实在超出了我的想象。

更为可喜的是，通过女儿，我还认识了她的同学们。他们的言行让我由衷地感到，他们是一群特别优秀、充满创意和活力的同龄人，他们身上都有很多可贵的品质，有爱心，有担当，视野开阔，心胸宽广。这真是可以给人不断带来惊喜的一代年轻人。

从我女儿和她的同学们身上，我感到，90后的一代新人，已经健康长大了。他们是我们的孩子，也是我们的朋友，甚至是我们的老师。他们超越了前辈，拥有自信强大的内心和丰富多彩的本领。他们发自肺腑地热爱祖国、为祖国自豪，却也敢于承认自己的不足，虚心学习世界上一切先进文化和技术。他们根植于中国传统，却也能没有藩篱地努力吸收全世界的一切养分。他们既传统又现代，既东方又西方，既踏实又有

梦想，既爱国又不排外，既自信又不自大。

虽然他们也有这样那样的缺点，虽然他们的心智还不成熟稳定，虽然未来仍有无尽的挫折、风雨在等待着他们，虽然作为母亲，我仍然只有最简单的心愿，从不奢望他们能取得什么了不起的成就，但因为这些孩子们，我会发出最真心的赞许、最宽心的笑容，并因此对祖国和人类的未来不会悲观、充满信心。

教育启示录

1. 21世纪，随着信息时代的到来，地球已经变成了一个联系紧密的村庄。我们每个人都是这个"地球村"的村民。所以教育要面向世界，面向未来。

2. 作为正在崛起的东方大国的未来建设者们，现在的孩子必须从小就学会具备国际视野和世界胸怀，顺应时代发展的潮流，掌握国际前沿资讯，目光远大，心胸开阔，善于借鉴国外教育的长处，为领先未来打好坚实的基础、做好全面的准备。

3. 海纳百川，有容乃大。越包容就越强大。各种文化都有自己的渊源、自己的特长，要善于从不同的文化中汲取营养。一个强大的人，对不同的文化，不应对抗、排斥，而应尊重、包容。

后记：笑对高考　笑到最后

离高考越来越近了。高三年级进入到一种倒计时状态。紧张气氛在师生中蔓延。

我女儿的生活节奏却依然如故。下午五点钟去操场锻炼四十分钟，晚上十点多钟学校宿舍熄灯就准时入睡，星期六下午若不下雨就去打场网球，星期六晚上与父母散步、看闲书，给自己放假，星期天上午允许自己睡个懒觉——一切看上去既有条不紊，又随意放松。

我们提醒她的，也依然是老生常谈：上课认真听讲，学习讲究效率，心情保持愉快。

似乎没有什么新鲜的东西。

一模、二模都考过了，女儿发挥都很正常，成绩仍排在"第一梯队"。马上就要举行毕业典礼了，老师希望每个家长都能给孩子写一封信，在最后的冲刺阶段，给孩子加把劲。

那天，我提起久违的笔，给孩子写下了这样的话——

亲爱的兰兰宝贝：

喔，快毕业了，这么快，我的兰宝贝就要结束中学时代的学习、生活，成为一个真正的大人，开始追寻属于自己的生活了。而你18岁的生日也越来越近了。

不，我不伤感。我知道，我的兰宝贝在一天天进步、成长、

坚强、博大。在我的心里，无论你长多大、走多远，你永远也不曾离开。而且，你所有的表现，都像我希望的那么美、那么好，无论品格、学业、心胸、才能，你让我骄傲，也让我心安，就连你身上小小的弱点和不足，也恰如我希望的那样——我希望一个真实的你，而不是完美的你。你的善与美，让世界在我的眼里，都成了黯淡的背景，因为你是一朵新鲜的不凋的花，给周围带来光明和芬芳。

是的，毋庸置疑，社会依然浑浊，世界依然冷酷，但是，宝贝，没有关系，你用自己的善与美、理性与智慧，做足了准备。在精神上，我从来都没有把你当成孩子，你也从来都不是孩子，你有大师一般的开阔与悲悯的情怀，这是你最大的长处，也是我最看重的地方。当然，你还有属于自己的年轻的活力、创意，还有坚韧不拔的行动力。所以，未来不管遇到什么，我相信，你都能健康、幸福地成长。

在这个世界上，如果还有奇迹，那么一定就是属于我与你的奇迹，一对普通母女的感情奇迹——我们不是母女，不是姐妹，不是知音，不是情人，我们又是母女、姐妹、知音和情人。不，这些平常的词汇根本容纳不下我对你的感情。没有语言能形容我对你的爱。因为她无时无刻、无处不在。我的爱，无条件无理由无限制地萦绕着你，在你需要或不需要的所有时刻，在你想起或遗忘的所有地方。是的，宝贝，你从不孤单，也永远不会孤单。

老师希望家长在即将来临的高考前夕，能给你们这些正在冲刺的孩子，加加油，鼓鼓劲，但我并不想在这里谈论你的学业和成绩。对于我来说，你已经足够努力、足够优秀了。所以，我只希望，在这中学的最后阶段，你每一天都能过得快乐、充实就行了。至于成绩，我觉得，该是你做的，你都做了，那么，剩下的，就交给上帝吧。上帝不管给我们什么答案，我们都可以欣喜地接

受。还是想说一直跟你说的那句话：人生是长跑，笑到最后的人，才是真正的胜利者！

18岁的宝贝，你真的该为自己鼓掌喝彩。回顾你的成长之路，那么多的困难你都克服了，那么多的考验你都经历了，哈哈，还能有什么呢？人生的大幕才刚刚拉开，精彩的演出正要开始——而你呢，你已做好了一切准备。让我们对自己说一声：好样的，笑一笑，继续努力！

而我呢，那个被爱与祝福塞满的妈咪，只想亲亲你的脸蛋，然后对你说：该你上场了，别害怕，妈妈会一直在你的身后支持你——

当然，支持你（无条件加随时随地）的还有很多人：爸爸、外公、外婆、大姨……还有上帝、菩萨、所有的神与好运——嘿嘿，你是一个幸运儿，RP爆好呢！

亲亲，宝贝。

爱你的小母

说实话，我们做父母的，是在一种轻松愉快的心态下，度过女儿高三最后这段紧张的日子的。不过，家里再怎么放松，作为即将要参加高考的孩子，压力依然是无处不在的。一场接一场的测验、考试，一本又一本的试题、练习，同学间的竞争，考试后的排位，老师们的加压，这一切让向来从容不迫的女儿，也感到了一点焦虑。由于她几次模拟考试的成绩，都排在年级和全市的前列，老师对她也给予了很高的期望，希望她能在高考中再创佳绩。

随着高考的临近，女儿开始担心起来，她怕自己考得不好，辜负了老师的期望。当她把自己的担心告诉我时，我对她说："你不要有什么心理负担，只要你尽心尽力了，就没有什么后悔的。什么样的结果，你都应该坦然地接受。"

　　高考成绩出来，所有的人都感到了一点意外——一贯成绩优秀的女儿，发挥有些失常，考了一个不甚理想的分数，虽然成绩还是超过了重点线不少，但对于女儿的真实水准来说，已经是一个不小的遗憾了。这就是高考的残酷所在：一次性的，偶然的，不能更改的。身边的人都为她感到委屈、难过。老师动员她去查查分数。家人也心怀惋惜，为她暗自落泪。

　　没想到，遭受这一挫折的女儿，表现得又令所有人感到意外。她不仅没有掉一滴眼泪，没有抱怨一句话，反而不停地安慰我们，说分数面前人人平等，机会对于大家都是一样的，肯定有人发挥出色，有人发挥不好，这很正常，只是自己没有表现好，让大家失望了。她还不断地告诉我们：这次虽然成绩不太理想，但毕竟超过了一本线不少，还是有一所不错的大学可以读的，总比那些没有考上大学的强吧？再说，你们不是常说人生是长跑吗？我的路才刚刚开始呢，我要成为那个笑到最后的人！

　　高考一结束，她就报名参加了一个名为"青草"的公益团队，为农民工子女提供义务教育，帮助他们尽快地融入广州的生活。高考成绩出来后，我们很担心她的心态，她却像没事人一样，天天顶着大太阳，跑很远的路，跟"青草社"的队员们一起，备课、上网、准备资料、准备礼物、试讲、联谊，从早上忙到晚上，有时还要忙到深夜，真是不亦乐乎。

　　我和她爸爸不禁对她的心理承受力大为感叹，在背后不止一次地称赞道："没想到，这孩子有这么坚强、乐观的心态，大人都不如她呢，看来我们长期的教育真的奏效了，这种笑对挫折、积极向上、乐于助人的素质，实际上比考清华、北大，还要让人高兴呢。"

　　女儿脸上的笑容，将我们有些阴霾的心情一扫而光。到学校拿成绩单、开填报志愿说明会时，女儿大方地与老师和同学们打招呼、问好、聊天，对考得好的同学表示祝贺，并坦诚地告诉别人自己不太理想的成

绩，没有一点失落的样子。我看到不少考得不理想的同学，都垂头丧气、躲躲闪闪的，不愿意与人多说话，只有女儿保持着明媚开朗的笑容，就问她："你怎么有这么好的心理素质啊？大人都很难做到哦。"

女儿搂住我的肩膀，开玩笑地说："那当然了，本人是最著名的'淡定女'，你难道不知道吗？"

对呀，"淡定女"，再没有比这个称呼，更适合我的女儿了。我欣慰地笑起来："宝贝，好样的，你又接受了上天的一次考验，你有这样的素质，真是让妈妈大开眼界，值得我们大人好好向你学习呢。"

女儿有些不好意思地说："这说明你们的教育成功了呗！从小，你们就不停地说，人生是长跑，要笑到最后，嘿嘿，这么点挫折算什么？——不过，我心里也有些难过的，我难过的倒不是自己的成绩，而是我辜负了老师的期望。我们老师多辛苦，为我们学生付出了多少心血啊，我真想自己能在全省拿个好名次，给学校和老师争争光的，唉——"

在这样的时刻，女儿想的最多的，不是自己，而是别人。

我亲了亲女儿光洁的脸蛋，紧紧地搂住她说："宝贝，这世上没有完美的东西，只要你尽力了，就足够了。知道吗？你高考之后的表现，超出了我的想象，这比那些光彩夺目的分数，更让我敬佩不已。'淡定女'，妈妈希望你永远都保持这个称号，而且，妈妈从现在开始，也要好好向你学习，做个宠辱不惊的'淡定女'！"

"是啊，是啊，做个'淡定女'，还会怕什么？！"

我和女儿"哈哈哈哈"地大笑起来。

那一刻，阳光新鲜，世界生动。

写给天下的父母

终于，我以最大的热情和真诚，写完了这本关于教育的书籍。

我们都是做父母的人，我知道你们心中所有的情感和期待、所有的困惑和纠结。写这本书，就是想通过我自己和女儿两代人的亲身体验和成长磨合，从根本上剖析教育难题，解决家庭困扰，改善亲子关系。

是的，我们都是平凡的父母，我们的孩子都是平凡的孩子。商店里充斥着那么多哈佛女孩、送孩子进北大清华之类的教育书籍，或者是如何教育孩子的专家指导手册。我们看完后，总觉得与自己家庭的实际情况似乎不太吻合。它们无法回答我们心中所有的困惑，无法让我们和孩子得到真正的快乐。

很多时候，我们按照教育专家的指点那么做，可是，我们的孩子似乎不像专家说的那样听话，愿意改变自己，接受我们的意见；很多时候，我们自己也觉得那些书籍只是在具体方法上对我们有所启发，但并没有解决我们思想上最根本的困惑，也没有直面我们和孩子之间最本源的矛盾，所以我们看了那些书籍后，似乎有所触动、有所改变，但没过多久，一切又是外甥打灯笼——照舅（旧）。

那么，问题到底出在哪里呢？

在这本书里，我一开始就从思想的最本源处，挖掘了父母的困扰所在。那就是，我们还没有真正想清楚，为什么我们要生孩子，我们把孩子带到世上来，究竟是要干什么。我们还没有从思想上获得做一个好父

母的"精神执照"。如果我们在思想的本源，一开始就认识错了，那么无论我们怎样努力，最终都会南辕北辙，或者是事倍功半的。

人类所有的活动包括认知、情绪和行为三大类。而后两者都是由认知决定的。所以，要想做个好父母，我们必须从基本认知上下手，从根本上改变自己。我在本书的前几章里，全面探讨了这个问题。

思想端正了，接下来，我们就要明确教育的目标。也就是说，我们到底要把孩子培养成什么样的人呢？上名校、考好大学、将来找好工作、取得令人瞩目的成就，这条道路，是不是就是我们全部的教育目的呢？

我以自己和孩子的亲身经历告诉大家：教育的目的并不在于考高分、进名校，而在于培养健全的人格，让孩子获得幸福的人生。

在这个问题上，我有让人信服的发言权。因为我自己就是一个"高考状元"，毕业于复旦大学新闻系，在电视台工作多年，也取得了不少成绩，但我在成长中，就遇到了诸多的问题和困惑。在这本书里，我都没有回避这些问题，也没有遮掩自己的缺陷，而是用真诚的勇气，反思了自己的成长，以便让孩子们借鉴我的经验和教训，避免重走弯路。

所以，我在教育上有一个最基本的理念，就是幸福教育法则。即把追求幸福当成教育的目的，让孩子们在快乐中成长，在平凡的学习和生活中，发现快乐，收获快乐，取得进步，最终实现幸福的人生。

也就是说，不管你的孩子是卓越的，还是平凡的，他首先都应该是快乐的！

有人可能以为，快乐是个很浅薄、很轻易的东西，人很容易就能得到快乐。其实不然。快乐实际上对我们的人生提出了很高的要求，它需要的硬件和软件条件都很多。

首先，要想做一个快乐的人，你必须身体健康、心理健康、人格健全、衣食无忧。

其次，你必须很好地承担起自己的社会角色，完成自己的本职任

务，学生就应该搞好学习，成年人就应该搞好工作，否则，你也不可能得到快乐。

再次，你还必须拥有良好的适应环境、应付生活的能力，必须拥有良好的人际关系，让自己和社会和谐共处。

另外，生活不可能是一帆风顺的，挫折、压力、灾难随时会来，所以，做一个快乐的人，也必须拥有开阔的胸襟、乐观的心态，不怨天尤人，不脆弱狭隘，而是不断调适自己的心态，包容和接受人生的不完美。

同时，要想使快乐成为一种可持续的状态，我们还必须对一些及时行乐、饮鸩止渴的短期行为，比如放纵、任性、堕落、懒惰、取巧，予以坚决的抵制和理性的克制。这些行为不仅不是快乐，反而会把我们拖入到痛苦的深渊。

我们还应该知道，快乐不等于傻乐，平凡不等于平庸。进取奋斗、战胜自我、克服困难、迎接挑战的快乐，是更深刻更持久的快乐。所以，我们要在生活中不断地努力、付出、勤奋、超越，不断地完善自我、超越平凡、取得成就。只有这样，我们才能让生命绽放、让生活充实，从而获得一种发自内心的根本的快乐。

所以说，快乐不简单、不容易。做一个快乐的人，需要一辈子的努力和修炼。

而当我们一直能把这种快乐延续下去的时候，我们也就实现了幸福的人生了。也就是说，快乐是比较短暂的幸福，而幸福是更加持久的快乐。

为了让孩子们快乐成长、获得幸福，我们需要做的事情很多。我分析和提出了：成人比成材更重要、所有的错都是父母的错、平凡的孩子也能获得不平凡的快乐、让全家人在教育上形成合力、人生无处不是课堂等观点，同时也对此提出了一些操作性较强的具体实施意见。

另外，结合现在的教育现状和社会现实，我还在具体办法上，深入

又详细地探讨了如何与应试教育周旋，如何带领孩子走出叛逆期和挫折，如何和孩子平等沟通，如何跨越代沟，如何应对青春期敏感问题，如何以放手之爱让孩子独立，如何在炫富时代树立正确的金钱观和财富观，如何让孩子既拥有勇敢的竞争心理又拥有良好的合作精神，等等，诸如此类家长最头痛也最关心的问题。

关于教育，我还强调了以下两个观点：其一，孩子的问题都是父母的问题，要想教育好孩子，父母要注意好自己的一言一行，要和孩子一起学习、进步。其二，要因材施教。根据每个孩子不同的特点，采取不同的教育方式。有些孩子可以适当增加一点压力，有些孩子只能减压，以鼓励、表扬为主。

在这本书里，你们会感到，对任何一个问题，我都没有泛泛而谈，而是结合了自己和孩子两代人的真实故事，一点一滴的切身体会，加以分析、探究。我和我女儿正是在这样的教育体制和现实状况下，一步一步走过来的。我们一家在教育中，也曾有过不少的矛盾和磨合。我们有很多发自肺腑的真切感受。为此，我还引用了不少家人的信件、日记、作文，以此来说明问题。这些记录都是原汁原味的，未做任何改动，保留了最大程度的朴素和真诚。

是的，我是个专业作家，迄今已出版过不少作品了，但这一本书，确实是我最费心、最费脑、最坦诚、最率真的书。这本书的初稿在完成后，又放了很长一段时间，修改的次数不下百遍，并根据社会上一些热点问题，适时添加了不少新鲜事例。其中，我寄托了自己浓烈真挚的感情，以及全面冷静的理性。我全力以赴，毫无保留，倾囊而出，力求给你们以最大的启发和最有效的帮助。

因为，我知道，我们都有一个共同的身份：父母。这是我们在这个世界上最重要的身份。这也是令我们惺惺相惜、心心相印的共同的标记。我能深深体会到你们的操劳和辛苦、你们的困惑和无奈、你们的殷切期盼和拳拳之心。可怜天下父母心啊！

现在，写完了这本书，可是，我觉得，一切似乎才刚刚开始。孩子，永远是我们做父母的人讲不完的话题，探讨不完的问题，放不下的心。

我们希望尽自己最大的力量，给他们创造一个良好的成长环境。我们希望他们身体健康，人格健全，一生幸福，天天快乐。我们希望他们安全、安稳、安康地长大，成为自立、自强、自觉的新人。

那就让我们从今天开始、从自己做起，和孩子们一起，一步一个脚印地努力、进步。

要记得啊，我们不仅是平凡的父母，我们也是神奇的魔术师啊——创造快乐、开启幸福的——心灵的魔术师……

图书在版编目（CIP）数据

孩子，我要你快乐："状元妈妈"倾情揭秘两代人的成长经验/盛琼著. –北京：作家出版社，2012.6
ISBN 978 – 7 – 5063 – 6292 – 4

Ⅰ.①孩… Ⅱ.①盛… Ⅲ.①家庭教育 – 经验 Ⅳ.①G78

中国版本图书馆 CIP 数据核字（2012）第 024699 号

孩子，我要你快乐
——"状元妈妈"倾情揭秘两代人的成长经验

作　　者：盛　琼
责任编辑：郑建华　省登宇
装帧设计：梦　石
出版发行：作家出版社
社　　址：北京农展馆南里 10 号　邮编：100125
电话传真：86 – 10 – 65930756（出版发行部）
　　　　　86 – 10 – 65004079（总编室）
　　　　　86 – 10 – 65015116（邮购部）
E – mail：zuojia@ zuojia. net. cn
http：∥www. haozuojia. com（作家在线）
印　　刷：三河市紫恒印装有限公司
成品尺寸：170 × 240
字　　数：232 千
印　　张：16.75
印　　数：001 – 20000
版　　次：2012 年 6 月第 1 版
印　　次：2012 年 6 月第 1 次印刷
ISBN　978 – 7 – 5063 – 6292 – 4
定　　价：28.00 元